TREATY
ON THE PROHIBITION OF
NUCLEAR WEAPONS

新版 核兵器禁止条約の意義と課題

冨田宏治
KOJI TOMIDA

かもがわ出版

はじめに

多くの方がご存じのように、国連は二〇一七年七月七日、「核兵器の禁止に関する条約」（以下、核兵器禁止条約）を採択しました。私たちが長期間にわたって待ち望んでいたものであり、画期的なできごとです。本書は、この条約の内容と意義、成立の経緯、今後の課題について論じるものです。巻末には条約の正文（英語）と日本語訳も掲載していますので、ご参照ください。

それにしても、この条約のことがメディアで大きく取り上げられたのは、二〇一七年三月末の国連会議が最初でした。それが第一会期で、五月二二日には条約草案が公表され、六月から七月にかけての第二会期で条約が確定するという道筋をたどりました。多くの方が気づいてから半年も経たないうちにできあがったということです。そのため、「なぜそんなことが急転直下に起こったのだ」と、驚かれた方も多いのではないかと思います。

しかし、これは日本のメディアが報道してこなかっただけであって、じつはこの伏線は二〇年以上前から敷かれていたのです。出発点になったのは、あとで論じるように、一九九五年です。そこから始まって、二〇〇〇年に転機があり、二〇一〇年に大きな成果があって、二〇一五年に突破口が開かれてというふうに、長年にわたる積み重ねがあって、二〇一七年が迎えられたのです。ですから、急転直下に進んだというわけではありません。本書では、その十数年、あるいは二〇年を少し超えるぐらいの世界の動きを整理しつつ、

7月7日まで開かれた核兵器禁止条約のための国連会議第2会期の様子

条約について解説するようにしたいと思います。

こういう手法をとるのは、核兵器を禁止するという道には、もう後戻りはないということに確信を持っていただきたいからです。この条約をめぐっては、「核保有国と非核保有国の対立を深めただけ」だとか、その結果として「実際には、核兵器を廃絶するのが遠ざかった」などの論評も見られます。しかし、条約の作成に関わった諸国は、そういう議論を充分承知の上で、二〇年余の経験をふまえて、このやり方だけが「核兵器のない世界」を実現する道だと確信するに至ったのです。何かあったら潰れてしまうのではないかというような心配をしている国はなく、もう後戻りできない話になっているのです。

確かに、最大の核保有国であるアメリカは、トランプ政権のもとで核兵器の増強を打ち出しました。国連会議の第一会期（三月末）の直後には、シリアにトマホークを五九発ぶち込むなど、何をするか分からない政権だということも再認識させられました。国境に壁をつくるとか富裕層減税をするとか、内政の問題は裁判所や議会が立ちふさがることでストップが掛かり、なかなかうまくいかなかったのですが、大統領権限で自由にできるような分野では、本当に何をするか分からないところがありました。よく考えてみたら、核戦争のボタンにしても、議会や裁判所の制止を受けることなく、大統領のみの判断で押せるようになっているわけです。そのボタンをツイートの発信ボタンのように押されては困るわけで、そういう意味で、トランプという人がアメリカの大統領になっていたということ自体は、世界の平和にとって、やはり非常に深刻な事態だったと思います。

しかし、ではトランプ政権の登場で、核兵器禁止条約の前途に暗雲が立ち込めていたのかというと、決してそんなことはありません。条約作成に関わった国々は、ある意味で、トランプのような大統領が出てくることも織り込みずだったわけです。

そもそも、核兵器禁止条約の交渉のための会議を開催するという決定がなされたのは、トランプが当選したあとでした。トランプみたいな大統領が出てくるからこそ、このプロセスを速めなければいけないという覚悟を世界はしたわけです。だからトランプ政権がたとえ妨害するようなことがあっても、この過程が頓挫するということにはならないわけです。それどころか、トランプが乱暴なことをすればするほど、そして人々がそういう事態の深刻さを見つめれば見つめるほど、世界の決意はより固くなるということだろうと思います。

つまり、トランプのような勢力が核兵器をもてあそばないようにするためにも、一刻も早く核兵器を非合法化することが必要だということで、世界が腹をくくってきたということです。その流れに日本国民としてどう関与していくかが、私たちには問われていると言えるでしょう。

もくじ●新版　核兵器禁止条約の意義と課題

第一章

条約の内容と意義を交渉の経緯から見る

核兵器禁止条約交渉のための国連会議は、第一会期が二〇一七年三月二七日から三一日まで開かれました。第二会期は、六月一五日から七月七日まででした。

条約ができたとはいえ、これから先のプロセスには時間がかかるでしょう。条約を各国が批准して発効させる、すなわち条約としての効力を持たせるというプロセスがまず必要です。また、この条約は核兵器を非合法と位置づけるものであって、実際に核兵器を廃棄させていくプロセスについては、条約の第4条においてその大枠が定められているだけです。核保有国に迫ってそれを実現させるという大仕事はこれからのこととして残っており、それにはかなりの時間がかかると思います。それにしても、この条約で核兵器が違法だと宣言された事実は重要であって、大きな意味があるということです。

●核保有国の反発にもちゅうちょせず

体験的に言いますと、こういう国際会議というのは、ほとんど準備会合で勝負が決まると思います。たとえば、五年に一度開かれる核不拡散条約（ＮＰＴ）再検討会議というものがありますが、本会合ではどういう議題を設定するのか、誰を議長にするのかは、一年前の準備会合で決まるので、そこでいろいろな勝負がついてしまうという要素があります。

今回の国連会議についても、二〇一七年二月に準備会合が開かれたのですが、その結論を見て、これはすごいスピードで進むなと感じました。この準備会合には、本会合と異なり、核保有国である中国とインドも出席しました。一方、同じ核保有国であるアメリカ、イギリス、フランス、ロシアは欠席し、アメリカの同盟国である日本、ＮＡＴＯ諸国も参加しませんでした。それだけ核保有国が反発するなかでも、何のちゅう

エレン・ホワイト議長と日本代表団（提供：日本原水協）

ちょもしないで会議が開かれるということ自体、関係国の覚悟があらわれていたと思います。

さらに大事なことは、議長をコスタリカがとったことでした。これは、「おお、これは本気だな」、「これで勝ったな」と思わせるできごとでした。

コスタリカというのはとても小さな国です。その小さな国が議長をするというのは、核問題をめぐっては、大国の思うままにはいかないよ、どんな小さな国でも国際社会では主権国家として一国一票なのだよ、そして議長の役割も果たすことができるんだよという、一つのシンボリックな選択だったと思います。しかも、このコスタリカというのは、非同盟外交で重要な役割を果たしている国であり、日本の憲法九条と並んで常備軍を持たないと明確に定めた憲法を持っている国でもあります。そのコスタリカの軍縮大使であるエレン・ホワイトさんという女性が議長に選出されたのが、二月の準備会合でした。

ホワイトさんは、議長に選ばれるやいなや、会議の進め方についてすぐに提案をしました。一つは、「交渉過程を原則として公開します」というものです。核問題といえば世界の人々の切実な関心事であり、大国の裏交渉に委ねるような性格のものではありませんので、これは大事なことでした。

ホワイト議長はさらに、市民社会・NGO——国際社会においてはNGOのことを市民社会と呼びます——の参加を保障することも約束しました。参加するだけでなく、正式な発言権も——議決権はないけれども——保障するということです。これまでの軍縮関係の会議では、NPT再検討会議も含めて、NGOはもちろん参加し、オブザーバーとして発言していますけれども、正式な発言が許されるという意味では、これまでよりもずっと踏み込んだ参加ができるということでした。実際の会合もそういうものになりました。これは、核兵器を持っている五大国がボイコットするのが見えているなかで、その五大国に対して六番目の大国として市民社会を招聘し、一緒に議論するのだと腹を固めているのが見えるできごとでした。

●全会一致はめざすが多数決で

議長提案でさらに大事だったのは、「全会一致はめざす」、しかし「最後は三分の二の多数決によって決定する」ということでした。これは拒否権を使わせないということを意味しています。いかに大国がボイコットしようが、逆に出席して反対して妨害しようが、必ず条約はつくるということです。

この立場をとったのは、二〇一五年のNPT再検討会議で失敗した経験に学んだものと言えるでしょう。NPT再検討会議の場合、ほとんどの内容で合意しても、最後に大国がどこか部分的なところでイチャモンを付けて合意できなければ、合意文書の全体が反故になってしまうという仕組みです。二〇一五年のNPT再検討会議はまさにそういう結果に終わりました。会議のなかでほとんどすべて合意できていたのです。しかし、終了の間際になって、一か所、「中東の非大量破壊兵器地帯を議論するための会議の招集権者」を国連事務総長にするかどうかという、どうでもいいような小さな問題に核兵器国がこだわって、NPT再検討会議の最終文書の全体を反故にしたのです。つまり、全体の合意については反対しにくいものだから、どうでもいい些末な手続き論のところにこだわるように見せかけて、合意を妨害したというわけです。全会一致ということを原則にしてしまうと、せっかく圧倒的多数の国々が合意しても、大国がそういう形で反故にできることになりますから、そうならないようにしようというのが、議長が打ち出した考え方でした。こういう議事の運営方法が決まったというだけで、勝利が見えてきたようなものでした。

実際の会合も、議長提案通りに進みました。第一会期の前半、三月二七日から二九日までは条約前文について話し合い、どういう原則のもとに条約をつくるのかが議論され、後半二九日以降は、核兵器の何を禁止するかという禁止条項について具体的な議論がありました。その議論の到達にもとづいて、五月に条約の案文が提案され、六月から七月の第二会期で条約が確定したというわけです。

●核廃絶の二つの流れがコスタリカを支えて

次に、核兵器禁止条約交渉の議長を務めたエレン・ホワイトさんを生んだ国、コスタリカについて少し紹介しておきます。今度の会議が成功したのは、コスタリカが国際政治において占めている地位とも関係があります。

コスタリカというのは、一九四九年に常備軍の廃止を規定する憲法を制定し、日本とは違って名実ともに常備軍を持たない国です。日本は戦争を放棄し、戦力を保持しないと憲法でうたいながら、自衛隊という「戦力」を持っていますので、残念ながらコスタリカのようには胸を張れないところがあります。そのコスタリカが核兵器を禁止する交渉の中心に据わったということは、非常にシンボリックだったと思います。コスタリカを議長に選んだこと自体、この会議を準備し、主導してきた国々の決意があらわれているように思います。

さらに、このコスタリカの背後には、核兵器の禁止に重要な役割を果たしてきた国々がいます。一つは中南米カリブ海諸国共同体（CELAC）です。中南米・カリブ海諸国三三か国が二〇一一年に結成したものです。CELAC《セラック》は結成と同時に、「核兵器全面廃絶に関する特別声明」を発表し、「可能なかぎり早い期日に核兵器を廃絶する方途を確認するために高級レベルの国際会議を呼びかける活動を行う」と宣言しました。国家連合としてのCELACに三三か国が結集する際の重要な柱が、核兵器の廃絶という課題だと定めているわけです。核兵器禁止条約の交渉過程においても、これらの国々がみんなでコスタリカをバックアップするという関係だったわけです。さらに、コスタリカの背後には、一一八か国が参加する巨大な非同盟諸国会議が控えています。CELACと非同盟諸国の二つがコスタリカを押し上げている。

もう一方で、コスタリカが直接に関わっているわけではありませんが、オーストリアをはじめとする核兵器の非人道性にもとづく「人道の誓約」――あとで詳しく論じますが――を取り上げて問題にしてきた国々があります。これも重要な役割を果たしてきました。ですから、国家のレベルでいえば、CELACと非同盟諸国、そしてオーストリアをはじめとする「人道の誓約」を重視してきた国々、この二つの流れがコスタリカを支えながら核兵器禁止条約を作成したということです。

●原水禁大会で国連と各国の政府・市民運動が議論して

なお、国連自身もこの間、核兵器禁止という課題に熱心でした。それは、日本の原水爆禁止世界大会との関わり方からも分かります。

国連でこの問題を担当するトップは、国連軍縮担当上級代表という肩書の人です。国連事務総長の補佐をする人で、いわゆる事務次長にあたる人だと理解してください。この国連軍縮担当上級代表ですが、二〇一七年までの一〇年間で見ると、原水爆禁止世界大会に九回も参加しています。セルジオ・ドゥアルテさん、アンゲラ・ケインさん、そしてキム・ウォンスさん、中満泉さんと、人は変わったのですが、ほとんど欠かすことなく参加したということです。アンゲラ・ケインさんが一回だけ、「どうしようもない事情があるので」と言って急遽キャンセルをされたことがありますが、その時も直前までは来られる予定でした。

原水爆禁止世界大会には、非同盟諸国やあとで紹介する新アジェンダ連合諸国をはじめ、各国政府代表も参加します。今回の国連会議に参加した二〇〇程度の市民社会・NGOの代表の多くも原水爆禁止世界大会の常連組です。そういった人たちと国連軍縮担当上級代表が、世界大会の場で核兵器廃絶をどうやって実現するかと議論をしてきたのです。核兵器禁止条約が結実したのには、こういう背景もあると言えるでしょう。

なお、この条約を発効させ、実際に核兵器を廃絶させていく上で、非常に大きな意味をもってくるのではないかと思うのですが、二〇一七年、新しい国連軍縮担当上級代表が決まりました。グテーレス国連事務総長が指名したのは、日本人である中満泉さんだったのです。日本政府が核兵器禁止条約交渉のための国連会議をボイコットするなかで、それに対する当てつけなのか、その真意はよく分かりません。しかし、この方は根っからの国連職員であり、日本の外務省から出向したというようは人ではありませんし、国連難民高等弁務官として活躍された緒方貞子さんの下で活動した経歴を持った方です。二〇一七年五月九日のNHKのインタビューに答えた中満さんは、「小学生のときに広島と長崎を訪問した日本人の私は、ほかの国連職員よりもさらに大きなモチベーションを持って軍縮に取り組めると思う」と語っています。日本政府がいろいろ悪い役割を果たしているとしても、中満さんには、日本政府に従う義務はありません。日本国民の代表として是非とも大事な役割を果たしてほしいと思っています。ちなみに、中満さんは、歴代の軍縮担当上級代表に続いて、原水爆禁止世界大会にも参加されています。

●条約前文には「ヒバクシャ」の苦難にふれた一節が

条約を作成した国連会議が市民社会に開かれているということ、そして本気で核兵器をなくす決意を持っていることが、第一会期の冒頭（三月二七日）でシンボリックにあらわれました。それは日本被団協の事務局次長であり被爆者の藤森俊希さんに発言をさせたことです。

これまでの国連の会議でも、被爆者が演説したことはあります。有名なのは、二回目の国連軍縮特別総会（一九八二年）において、山口仙二さんが火を吐くような演説をしたことです。これは忘れ難い記憶です。一方、NPT再検討会議（二〇一〇年）で谷口稜曄さんが、山口仙二さんとは対照的に非常に穏やかな面持ちで演説をしたことも、記憶に新しいできごとです。しかし、まさに正式の会議の冒頭に、正式な発言者として日本被団協が演説をすることが許されたというのは、それ自体が非常に大きなできごとだったのです。この会議に臨む国際社会の決意というのがそこにあらわれたのです。

そして、こうした決意は、条約のなかに結実しています。前文に「核兵器使用の犠牲者（ヒバクシャ）と核実験の影響を被った被災者の受け入れがたい苦難と被害に留意し」という一節が明記されたのです。

さらに、カナダ在住の被爆者として節子サーローさん――谷口稜曄さんと並んでノーベル平和賞候補になっています――、日本原水協の土田弥生さんなども発言しました。日本共産党の志位和夫氏も正式の発言としてスピーチを認められたように、これまでになく市民社会に開かれ、政府の代表だけではなく、市民社会を代表して、あるいはNGOを代表して発言が認められる。そういう会議が展開され、条約をつくったということになります。

●日本政府は悪い役割を果たしている

一方、日本政府は、会議に参加しないことを事前に表明していましたが、第一会期冒頭の政府演説の時間帯だけにはのこのこと出てきて、「我々はこの条約の構想に反対である。だから会議には参加しない」と言い残して退席してしまいしました。そんなことなら最初から出てこなくてもいいではないかと思うのですが、そういう行動をとり、国際社会の失望を招くことになりました。

日本政府はこれまで、核兵器禁止条約の構想について、少なくとも反対はしてこなかったのです。核兵器国と非核兵器国とのあいだを、唯一の被爆国としてつなぐ役割を果たすというのが、公式の立場でした。その立場から、賛成もしないけれど反対もしないという態度をとってきたけれども、ついに今回、「反対」ということを明確に言ったわけです。これまでの態度は建前に過ぎなかったということでしょう。

政府は、反対に回った理由として、「核保有国が参加しないままで核兵器禁止条約をつくることは、核保有国と非核保有国のあいだの溝を広げ、分断を広げる」と言っています。しかし、日本政府の反対表明によって、これまで建前だけでも「調停役」の振りをしていた国がなくなり、分断はさらに広がったわけで、非常に悪い役割を果たしたと言えるでしょう。

しかし、世界は寛容です。日本政府は、わざわざ出席して「反対だ」「不参加だ」と表明して出ていったものですから、その席は空席として残されました。そこに折り鶴がずっと置かれることになります。「#wish you were here（あなたがここにいてほしい）」と書かれた折り鶴です（本書裏表紙の写真。撮影と提供は志位和夫氏）。ピンク・フロイド――有名なプログレッシブ・ロックのバンドですが――をご存知の方は、この言葉を聞くと、ある有名なアルバムを思い出します。なかなか洒落た皮肉です。この折り鶴を置いたのは、ノーベル平和賞を受賞したＩＣＡＮ（核兵器廃絶国際キャンペーン）なのですが、「あなたがここにいてほしい」というのは、日本政府に世界の人々が寄せる願いでもあると思います。

核保有国が参加しないでは無意味ではないか――。核兵器禁止条約をめぐって、そういう主張も当然あり得るでしょう。実際、日本のメディアはほとんどそういう論調で報道してきました。

しかし、これについておもしろいと思ったのは、オーストリアの軍縮大使の見解です。「それならなぜ核保有国はあんなに強く反対するのだ。意味があるから反対するのではないか」と発言したのです。

わざわざ会議に出席して、「この会議には参加しない」などというような無礼な振る舞いをすることは、国際社会では普通はあり得ないことです。それでも、そういうやり方をしなければならないほど、日本政府は追い詰められていたということです。

さらに、これまでは棄権という態度をとっていた日本政府が、なぜ明確に反対するようになったかというと、それも前代未聞の経緯があったからです。何かというと、アメリカ政府から日本政府に対して、「参加するな」、「賛成するな」という公式の手紙が来たのです。これまでだって、おそらく裏側のチャンネルを通じて、アメリカが日本政府に核問題で圧力をかけるというやり方はされていたでしょうが、こんなことは初めてでした。アメリカは正式の手紙を送って公然と圧力をかけることにより、日本政府の対応に縛りをかけたわけです。それぐらい、アメリカ政府はこの条約に強烈に反対していたわけです。

ですから、無意味だと言いながらこれだけ反対しているということは、意味があるという証拠なのです。その意味を感じ取ったからこそ、核兵器禁止条約を先行してつくるという国際社会の決意に揺らぎが生じることはなく、条約が採択されることになったのです。

●核をなくすのではなく非合法化する条約

実際に合意された核兵器禁止条約の中身、その中心点はどんなものでしょうか。次に紹介するのはその点です。

これまで紹介してきたことで、基本的なイメージは理解してもらえると思うのですが、今回の条約は、必ずしも実際に存在する核兵器を直ちになくすものではありません。そうではなくて、核兵器を非合法化するというものです。国際社会が決断したのは、廃絶のプロセスに入る前に、核兵器は法的に禁止されるべきものだということをまず先行して明確にするということなのです。

これはＮＰＴ再検討会議の到達を踏まえたものです。ＮＰＴ再検討会議では、実際に核兵器をなくそうとすると、次のようにいろいろ難しい問題が生じることが議論されてきましたので、その教訓に学んだのです。

核廃絶のプロセスは長いものになるでしょうし、二度とつくれないようにすることも大変な作業になります。実際に核兵器が廃棄されていることをどうやって検証するのか、どうやって違反が起きないように監視するのか、いろんな問題があるのです。とりわけ、核分裂性物質——プルトニウムとウランですが——をどうやって国際管理するかが課題となります。世界中に存在する核分裂性物質を全部集めても、一〇メートル四方の部屋に入る程度のものにしかなりませんが——一箇所にまとめると臨界を起こして爆発しますからそんなことをしてはダメなんですが——、それをどうやって誰も盗めないようにして、誰もそこにアクセスできないように厳格に国際管理するのかという問題が残るのです。技術的にはそんなに難しい話ではありませんが、いろんな細かい規則をつくったり、細かい準備をしたり、それを監視する機関をつくったりすることが必要になるわけで、手続き的にはそう簡単ではないのです。

●NPT条約の欠点を改めた

もちろん、核保有国の本音は、安全保障上の抑止力として大事だから、廃絶することは現実的でないということだったでしょう。しかし、NPT再検討会議のなかでは、「核分裂性物質をどうやって管理するかなども全部ひっくるめて一つの条約で核の廃絶を決めなければならない」という議論が、核保有国を含めて行われてきました。

けれども、そのような議論を繰り返しているかぎり、なかなか核兵器は禁止されるべき兵器だという合意ができない。しかし、廃絶に至る細かいプロセスが合意できないからといって、核兵器の違法化で合意できないかというと、そんなことはないわけです。それなら、核兵器の違法化を先行させて、とにかく核兵器を禁止してしまおう、その上で廃絶に向かって次の段階へと進んで行こうという議論も、もう一方にはあったのです。

この二つはNPT再検討会議の場では結局、交わることにはなりませんでした。二〇一五年のNPT再検討会議がうまくいかなかったのも、それが理由です。そういうなかで、後者の立場に立つ国々は、いつまでも前者の議論につきあって核兵器の非合法化を遅らせるわけにはいかないと腹をくくり、「禁止条約先行」という考え方で行くことにしたということです。

これが何を意味するのか。それはNPT条約の持っている欠点を改めるということに尽きます。NPT条約がどういう問題を持っているかというと、あらためて指摘するまでもありませんが、「五つの国は核兵器を持っていい。けれども残りの一九〇近い国は持ってはいけない」という不平等条約だということです。結果的にはアメリカ、ロシア、中国、イギリス、フランスという、この五つの国の核兵器は合法なのです。NPT条約というのは、核兵器をめぐる中心的な条約になるわけですけれども、それにのっとっているかぎり、特定国の核兵器は合法のままなのです。だから、そういう核兵器を合法化する条約の枠組みを超えて、核兵器を非合法にしてしまう、違法なものにしてしまう。これをまず先行させることで、核兵器を持っている国々に対して、「違法なものを持ちつづけるのか」と、廃棄させる方向で迫っていく。そういう腹のくくり方をしたということです。

●基本的にすべてを禁止した

では、今回の条約は、具体的に何を禁止したのか。禁止した対象はどういうものか。

核兵器禁止条約は前文と全二〇条から成り立っています。まず、その第1条で、核兵器の（a）開発、実験、生産、製造、取得、保有、貯蔵、（b）移転又は管理の移転、（c）移転又は管理の移転の受領、（d）使用と威嚇、（e）以上の禁止活動への支援、奨励、勧誘、（f）禁止活動への支援、奨励、勧誘の受領、（g）自国領域への核兵器の配備、設置、展開の許可が明確に禁止されています。つまり、核兵器にかかわる主要な活動のほとんどを明確に非合法化しているということです。

もうひとつ重要なことは、その第6条で、「その管轄下又は管理下にある場所における核兵器の使用又は実験によって影響を受けた諸個人」——つまり広島・長崎の被爆者や世界各地の核実験被害者——に対して、医療、リハビリテーション、心理的サポートを含む支援を提供し、「社会的かつ経済的な包摂を提供する」こと——つまり、社会的・経済的な不平等や差別が起きないように支援すること——が、締約国に義務づけられていることです。日本がこの条約に参加すれば、広島・長崎の被爆者への援護施策を手厚く行うことが条約上の義務として国際的に求められることになるわけです。

こうした条約の形式は、生物兵器禁止条約を踏襲したものだと言えます。じつは、同じように大量破壊兵器を禁止するものであっても、化学兵器禁止条約と生物兵器禁止条約の形式は対照的なのです。化学兵器禁止条約のほうは、ものすごく膨大な条文からなっていて、細かいことも含めて全部が一緒になって包括的な条約になっているのです。他方、生物兵器禁止条約というのは、短い前文があって、条文も一五条だけです。核兵器禁止条約が早期に合意されたのも、シンプルな形式を選んだからという面もあると思います。

今回の条約交渉で議論の対象になったものに、「威嚇」があります。スウェーデンなどが「威嚇」を外せと主張し、五月に公表された草案では、禁止項目から外されていました。これは直接には、核兵器による威嚇が安全保障上大事だと思っている国々、すなわち「核の傘」のもとにある国々が条約に入れるようにすることをねらったもののようです。

しかし、六月から七月の第二会期の中で議論が重ねられ、ついに七月三日の第三次案で「威嚇」もまた禁止されることになったのです。このことによって、核兵器禁止条約は、明確に「核抑止力」を否定するものとなりました。

●核保有国が一つも参加しなくても発効する

日本政府は、「核廃絶は究極の理想だが、核保有国も同意できる内容でないと、非現実的だ」「コンセンサスが必要だ」などとして、批准もしないようにするでしょう。そうやって、発効するのを妨害するかもしれません。包括的核実験条約（ＣＴＢＴ）のように、締結はされたけれども発効しないで終わると〝推測〟するメディアもありました。

しかし、そこの腹をくくったのが、今回の核兵器禁止条約だということを、是非、理解していただきたいと思います。そこに今回の条約の核心があるのです。

核兵器禁止を求める流れのなかでも、当初、明らかに二つの流れがありました。非同盟諸国や新アジェンダ連合のなかでも、核保有国が加わらない核兵器禁止条約には意味があるのかという意見があったのです。非同盟諸国がずっと「包括的核兵器禁止条約」という言葉を使っていたのも、まさに「核兵器国も参加させ、廃絶まで含めて全部規定していく」という意味合いからでした。

けれども、二〇年間頑張った末に、二〇一五年のＮＰＴ再検討会議の最終文書を核兵器国があういう形で潰すのを体験し、変わったのです。結局、「核兵器国が合意できない条約では無意味だ」というような議論をしているかぎり、もう物事は進まない。そう腹をくくったのです。核兵器の法的禁止を先行させ、核兵器を非合法化した上で、その条約を力に核保有国に対して廃棄を迫っていくということです。

そのことが、今回の条約の発効要件にもあらわれています。包括的核実験禁止条約は、核保有五か国を含む四四か国の批准で発効するということになっています。ですから、核保有国が一つでも批准しないと、いつまでも発効しない、つまり条約としての効力を持たないという構造になっています。しかし、今回の核兵器禁止条約は、その第15条で、五〇か国目の批准から九〇日後には発効するということになっているのです。そこでは、核兵器国であるか非核兵器国であるかの区別は、まったくなされていません。核保有国が一つも参加しなくても、条約としては発効するのです。発効するということは、核兵器の禁止が法的に効力を持つということです。

●条約を力にして廃絶を実現していける

核兵器の話からは少しズレますが、現在、植民地を持つことは違法だとみなされています。慣習国際法として定着しています。しかし、第二次大戦までは、それは合法だとされていたわけです。ですから、戦後の東京裁判でも、日本の植民地支配が裁かれることはありませんでした。そんなことをすれば、欧米による植民地支配も責任を問われることになるからです。

しかし、一九六〇年に国連総会が「植民地独立付与宣言」を採択します。「いかなる形式及び表現を問わず、植民地主義を急速かつ無条件に終結せしめる必要がある」（前文）として、「外国人による人民の征服、支配及び搾取は、基本的人権を否認し、国際連合憲章に違反し、世界の平和及び協力の促進の障害になっている」

などと宣言したのです。

この「宣言」は、賛成が八九、反対はゼロでしたが、棄権が九か国ありました。主要植民地宗主国であるアメリカ、イギリス、フランス、ベルギー、ポルトガル、スペイン、南アフリカなどが棄権したのです。そういう点では、宣言が採択された時点では、植民地支配が違法であると法的に確立したとは言えなかったのです。しかし、この宣言を力に、多くの国が独立を勝ち取り、宗主国も植民地を手放さざるを得なくなってきます。その歴史的過程を通じて、植民地はなくなり、植民地支配は違法だという認識が定着したのです。

核兵器禁止条約をめぐっても、同じようなことが起きるのではないでしょうか。たとえ条約が発効したその時点では核保有国が参加しなくても、条約を力に核保有国に迫っていけば、違法性を認めさせ、廃絶に向かわせていくことが可能なのです。

核保有国は、「こんな条約には参加しない」、「非合法だということを認めない」と言うでしょう。しかし、世界ではじめて、核兵器を禁止する条約ができた事実は揺らがないのです。世界はこの条約を根拠にして、「これらのこと全部が非合法で、禁止されているのだ」、「違法なのだ」と主張できるようになったのです。そして、「そんな違法な兵器をいつまで持ちつづけているのだ」と迫れるようになったのです。

法的に禁止されていることをやり続けるということは、「ならず者国家」になることを意味します。アメリカは、イラクやイラン、北朝鮮など自分たちの意に沿わない国々に対して「ならず者国家」というレッテルを貼ってきましたけれども、今度は核兵器を持っている五つの国に対して、世界が「ならず者とはあなたたちのことだ」と言えるようになるのです。そういうレッテルを貼っていくということです。

こういう世界は、五つの国の核兵器を合法化しているＮＰＴ条約しか存在しないという現実のもとでは、絶対につくれませんでした。核兵器禁止を先行させる形にして、違法な核兵器を持ちつづける国を「アウトロー」の存在であると位置づけること。これこそが、この条約の最大のポイントとなるわけです。

●「オープンエンドの国連作業部会」構想をめぐって

核兵器禁止条約の構想は、国連が設置した「オープンエンドの作業部会」の議論のなかからはっきりと姿をあらわしてきました。今回の条約の意義をつかむ上でも、そこでの議論は大事なので、その経過を振り返ってみたいと思います。

なお、この「オープンエンド」という言葉の意味は、よく分からないところがあります。もともとは「目標を定めない」とか、「会期を定めない」などの意味で使われる言葉ですが、それよりも「市民社会にもオープンなところに意味がある」と解釈する人もいますし、確定した定義はないようです。

この聞き慣れない「オープンエンドの国連作業部会」という言葉は、二〇一五年のNPT再検討会議の最終文書、すなわち採択されずに終わった最終文書のなかで出てきたものです。この再検討会議には、日本からも千数百人がニューヨークに駆けつけて、会議を成功させようとがんばりました。七〇〇万人分ぐらいの署名が提出されたのです。しかし、会議が決裂して、「結局、何の成果もあげられなかったじゃないか」という気分も生まれました。日本のメディアもそういう報道をしました。

しかし、先ほど述べたように、最終文書はたしかに反故になったけれども、ほぼすべての内容は合意されていたのです。ですから、アメリカ、中国、フランスあたりがワーワー言って文書を潰したけれども、潰された側としては、「合意は基本的にできていたのだから、その内容をふまえて進んでいこう」という話になったのです。そして、その合意のなかにあった非常に重要な項目が、このオープンエンドの国連作業部会を開催するということだったのです。

これについては僕も不明を恥じなければいけません。NPT再検討会議の直後に開かれた原水爆禁止二〇一五年世界大会国際会議の宣言起草委員会で、「このオープンエンドの作業部会がとても大事だ」という主張がありました。国連で活動をしている「核兵器ゼロ」というNGOの代表であったアラン・ウェアさんが、強く主張したのです。しかし、国際会議宣言起草委員長だった僕は当時、これがそれほど重要だとは思っていなかったのです。

僕に限らず、宣言起草委員会に出ていた海外の友人たちも、それほど大事だと思っていなかった。そこで僕は、「分かりました。では国際会議への起草委員長報告のなかで、そういうご意見があったことを紹介させていただきます」という形で、受け流してしまったわけです。この作業部会のことよりも、あとで紹介しますが、オーストリアなどが進めていた「人道の誓約」のほうがずっと重要だと思っていたのです。その結果、国際会議宣言のなかでは、「人道の誓約」のことには触れているけれども、オープンエンドの作業部会については触れなかったのです。

●国連総会に提出する報告書に日本の運動も貢献

けれども国際社会は、オープンエンドの国連作業部会を開催する方向で一致結束して動いていきます。まず、二〇一五年の国連総会の決議によって、作業部会の設置が決まります。賛成一三八、反対一二、棄権三四でした。

「核兵器のない世界を達成・維持するために結論を下す必要のある具体的で実効ある法的規定や基準を扱うために、すべての国に開かれ、市民社会の参加も推奨されるオープンエンドの作業部会を設置する」

これが決議の内容でした。決議にもとづき、翌年二〇一六年二月、五月、八月と、国連欧州本部（ジュネーブ）において、実際に作業部会が開かれます。これらの会議は、核保有国がボイコットして、日本をはじめとする同盟国は核兵器国の代弁者として会議の妨害をするのですが、ものすごく重要な結論を導いていくのです。そして、二〇一六年八月一九日、国連総会に提出する報告書が採択されることになりました。

二〇一六年八月一九日ですから、その直前に日本では、原水爆禁止二〇一六年世界大会が開催されていました。その準備の過程で、八月五日に議長が提案することになっている報告文書の原案が、突然、舞い込んできます。原水爆禁止日本協議会（日本原水協）宛に七月の末に届けられたのです。〝こういう報告書を出したいのだけれど〟ということで事前に送付してくれたということです。世界に対して公表される前にこうして市民社会・NGOにまで打診をするわけですから、非常に民主的です。

読んでみてびっくりしました。すごいことが書いてあった。あまりのすごさにちょっと腰を抜かして、「いやあ、まいったなあ」と、本気でそう思いました。NPT再検討会議がなかなか思ったような成果を上げることができない国際的な力関係のなかで、こんなものが採択されるなんていうことが、本当にあり得るんだろうかと思いました。

何が書いてあったか。「核兵器の完全廃棄につながる、核兵器の禁止のための法的拘束力のある文書を交渉する会議を二〇一七年に招集する」とありました。その時点ではまだ三月という日付は入っていませんでしたが、それだけでも超弩級の驚きでした。

そこで、アリバイ的と言われようが何だろうが、原水爆禁止世界大会としても意思表示が必要だと考えました。本当に付け焼き刃ですけれども、原水爆禁止二〇一六年世界大会国際会議で採択した国際会議宣言（八月四日付）のなかに、「我々は、作業部会が今秋の国連総会に対して、核兵器禁止・廃絶の条約の交渉開始をふくむ具体的な勧告を行うことを要請する」という文章を盛り込んで、それをただちに国連に向けて発送したのです。八月五日にこの報告書の原案を正式に提案する会議が開かれるので、そこになんとか間に合わせようと思ったのです。

この国連の会議には、前の年に邪険にしてしまったアラン・ウェアさんが参加していて、「この世界大会の国際会議宣言は素晴らしい」と言って、議長をはじめ各国政府などすべての参加者に配布してくれたそうです。そのことによって原水爆禁止世界大会も、オープンエンドの作業部会の動きにささやかながら貢献できたというわけです。アラン・ウェアさんに心から感謝したいと思います。やはり持つべきものは友です。

●報告書に見られた核兵器禁止条約の論点

この報告書を見れば、核兵器禁止条約をめぐり現在につながる論点は尽くされています。いくつか見てみましょう。

「多くの国が、核兵器の禁止と廃棄のための現在の国際枠組みには法的なギャップが存在するとの考えを示した。これらの国は、保有、使用、開発、製造、備蓄、移転の一般的禁止といった核兵器のない世界の達成と維持に必要となりうるその他の法的措置がＮＰＴの文脈のなかでは詳細にわたって検討されておらず、よって緊急性をもって交渉されるべきであることに留意した」

すでに指摘したことですが、NPT条約という枠組みと核兵器の禁止や廃絶には、大きな法的ギャップがあるということです。だから核兵器を禁止する「法的措置」のための緊急な交渉が必要だということです。さらに次のような記述が続きます。

「過半数の国は、二〇一七年に、国連総会において、すべての国家、国際機関、市民社会に開かれた形で、核兵器の完全廃棄につながるような、核兵器を禁止する法的拘束力のある文書の交渉を開始することに支持を表明した。この法的文書は、一般的禁止と義務を確立することに加え、核兵器のない世界の達成と維持に対する政治的な誓約を確立するものである。市民社会の代表もこの見解に支持を示した」

ここでは、採択をめざす「法的文書」（条約のことです）が、「一般的な禁止と義務を確立する」というところと「政治的誓約を確立する」というところが大事です。核兵器の法的な禁止を先行させ、何よりもまず核兵器のない世界を達成し、それを維持するという政治的な合意をつくりだそうということです。これを先行させようということを、僕らは昔から主張してきたのですが、それについて過半数の国が合意をしたのです。その上で、禁止する項目として、以下のようなものをあげていました。

「そのような法的文書が含みうる要素にはとりわけ以下が含まれる。（a）核兵器の取得、保有、備蓄、開発、実験、生産の禁止、（b）核兵器の使用における関与の禁止。これには核戦争計画への関与、核兵器の目標設定における関与、核兵器の管理要員への訓練が含まれる。（c）国家の領土における核兵器持ち込みの禁止。これには核兵器搭載船舶が港湾や領海に入ることを認めること、国家の領空を核兵器搭載航空機が飛来することを認めること、国家の領土内における運搬を認めること、国家の領土において核兵器の配置や配備を認めることが含まれる。（d）核兵器活動に対する融資や、IAEAの包括的保障協定が適用されていない国家に対する特殊核分裂性物質の提供の禁止。(e)条約が禁止する活動に対する直接的あるいは間接的な援助、奨励、勧誘の禁止。(f)核兵器の使用及び実験の被害者の権利を認め、被害者への支援提供と環境修復を誓約すること」

●「一時寄港」や「領空飛来」の禁止まで含まれていた

これらのほとんどは、実際の条約に盛り込まれていますから、解説は不要でしょう。ただ、この報告書の段階では、「(c)国家の領土における核兵器持ち込みの禁止。これには核兵器搭載船舶が港湾や領海に入ることを認めること、国家の領空を核兵器搭載航空機が飛来することを認めること、国家の領土内における運搬を認めること、国家の領土において核兵器の配置や配備を認めることが含まれる」とされていました。実際の条約では、最後の「国家の領土において核兵器の配置や配備を認めること」だけが禁止されることとなり、作業部会の段階では禁止することが検討されていた核兵器の「一時寄港」や「領空飛来」まで含む「核兵器持ち込みの禁止」は条約に盛り込まれることにはなりませんでした。

核兵器の「一時寄港」や「領空飛来」まで含む持ち込みが条約で禁止されれば、世界中の港に「非核神戸方式」が広がるようなものです。これまでにも、中南米、アフリカ、東南アジアその他各地に非核兵器地帯が設置されてきましたが、それがこれまでよりずっと厳しいものとなって、世界中に広がるようなイメージです。核兵器禁止条約を批准する国が増えていくにつれて、世界中に変化が起こります。核兵器を積んだ艦船が寄港できない港、軍用機が飛べない空が、どんどん広がっていくわけです。

こうした禁止が実現されていたら、この世界は核兵器国にとって、とっても住みにくい場所になっていたことでしょう。交渉会議でも、これらを禁止項目に入れるかどうかをめぐって、ずいぶん真剣な議論がくりひろげられたようです。この点が盛り込まれなかったことは、少し残念に思わざるをえません。

でも、失望することはありません。条約の第８条にあるように、この条約が発効した後ですが、二年に一度の締約国会合の開催と六年に一度の再検討会議の招集が定められています。締約国会合や再検討会議では、「核軍縮・廃絶のために効果的な措置」についての提案を検討し、この条約への追加議定書や条約の改正という形で決定することができるようになっています。

オープンエンドの国連作業部会の段階から検討されてきた「一時寄港」や「領空飛来」まで含む「核兵器の持ち込み禁止」が、「核軍縮・廃絶のために効果的な措置」として、復活してくる可能性は十分にあるだろうと思います。

●核兵器を「忌むべきもの」にすることの大切さ

この報告書はさらに、核兵器禁止条約と実際に核兵器を廃絶することとの関係を示しています。次のような箇所です。

「核兵器を禁止する法的拘束力のある文書は、それが核兵器の廃棄に関する措置を含まず、不可逆的、検証可能かつ透明性のある核兵器廃棄のための措置を将来的な交渉課題として残していることから、核軍縮に向けた中間的あるいは部分的な措置となりうる。それは、核兵器を徐々に忌むべきものにすることにも貢献すると考えられる。このような文書を支持する諸国家は、これが交渉開始や発効のために普遍的な支持を必要としないことから、直近の行動として最も実行可能であるとの考えを持っていた」

確かに核兵器はすぐには廃棄されません。実際のところ核兵器の廃棄は将来的な交渉課題なのです。しかし、核兵器の違法化はそのための中間的、部分的な措置ではあるし、「核兵器を徐々に忌むべきものにすることにも貢献する」という箇所が大事です。核保有国はこれまで、堂々と核兵器を開発したり、生産したり、配備したりしてきました。しかし、条約でそれらを禁止することによって、そういう行為は「忌むべきもの」だという世論が形成されることになるということです。核兵器を持っている国の手をとことん縛ろうということです。「それでも核兵器を持ちますか」、「それでも持っている意味がありますか」と迫っていけるようにするということです。それがこの条約のねらいなのです。

こうして、オープンエンドの国連作業部会は、核兵器禁止条約を交渉する会議を二〇一七年に開くことを決めたのです。そして市民社会が参加する会議にすることにしたのです。

「作業部会は、……核兵器の完全廃棄につながる、核兵器の禁止のための法的拘束力のある文書を交渉するるため、すべての国家に開かれ、国際機関や市民社会が参加し貢献する会議を二〇一七年に開催するよう、幅広い支持をもって国連総会に勧告した」

日本政府は、この報告書が採択されるのを妨害しようとしました。この最後の文言で「幅広い支持をもって国連総会に勧告した」とありますが、そこは八月五日に提案されたものでは「多数の支持をもって」とされていたのです。そこを変えさせたのは日本などアメリカの同盟国政府だと言われています。世界が核兵器禁止条約に向かうなかで、その程度のことしかできなかったということでもあります。

二〇一六年一〇月二七日、国連総会第一委員会（軍縮問題を扱う委員会です）は、この報告書受けて、次のような内容の決議を採択しました。

「国連総会は核兵器全廃に向け、核兵器を法的に禁止する法的拘束力のある措置を交渉するため、二〇一七年に国連会議を開催することを決定する」

オーストリアなど五七か国が共同提案し、一二三か国が賛成しました。反対はアメリカ、イギリス、フランス、ロシアの核保有国とその同盟国の合計三八か国です。棄権は中国など一六か国でした（なお、国連総会自体も、一二月に同じ内容の決議を採択しています）。こうして、国連は、核兵器禁止条約を作成するための作業を開始したのでした。

●核廃絶の技術的な問題はあとから付いてくる

なお、核兵器禁止条約と関連して、疑問が出てくることが予想される二つの問題にふれておきます。一つは、化学兵器禁止条約がありながら、実際には戦争で化学兵器は使われているわけで、核兵器禁止条約もまた同じことにならないかということです。もう一つは、核兵器を禁止することと、原発をなくすこととの区別と関連という問題です。

シリアでアサド政権が化学兵器を使ったと言われています。かつてイラクのフセイン政権も使用しました。条約があるのに結局、化学兵器はなくならないではないか、核兵器だって同じだろうという議論があります。

しかし、核兵器をなくすのは、生物兵器、化学兵器に比べるとずっと簡単なのです。なぜかというと、核兵器の開発や製造の動きを世界の目から隠すことは非常に困難だからです。

生物兵器について言うと、炭疽菌などは、シャーレがあればできてしまいます。もちろん、本当はすごい施設のなかで作業しないと感染の恐れがあって大変なのですが、どうせ兵器として使うのだからと腹をくくれば、それほど厳重な設備のなかでやらなくても培養できるのです。実際、テロリストが炭疽菌を使ったことがあります。生物兵器テロというのはいつでも起こりうる。細菌兵器というのは、どこで誰がつくっているか分からないので、廃棄したかどうかを検証することもできないし、廃棄してもいつでもまたつくれるわけです。

化学兵器もそうです。オウム真理教がサリンをつくれたということは、ある程度の科学的知識があれば、誰でもつくれるということです。サリンの製造では当初、河野義行さんという一個人が疑われましたが、それは個人でもできるとみなされたからにほかなりません。

けれども、核兵器はその二つとは違うのです。廃絶することが技術的には容易なのです。どうしてか。

核兵器を核兵器として爆発させるためには、ウラン２３５か、プルトニウム２３９という特殊な物質が必要になってきます。しかもプルトニウム２３９は、自然界にそのままで存在するものではありません。原子炉を動かさないかぎり、つくりだすことができないのです。ウラン２３５は自然界に存在するけれども、濃縮という過程を経なければ――○・数％しか入っていないものを九○％以上にまで濃度を高める作業をしなければ――核兵器には使えません。

つまり、核兵器というのは、生物兵器や化学兵器のように、誰かが小さな実験室でつくれるかというと、絶対にそんなことはできないのです。これこそが、核兵器を廃絶しやすい理由なのです。北朝鮮の核開発を見れば一目瞭然ですが、いまでも衛星などで見れば、核兵器を製造していることは分かってしまう。イランがある段階でウランの濃縮をしているのが分かったのも、その施設が巨大なものだからです。原理は簡単です。遠心分離機をブンブンと回して、重いウランだけを選り分けていく作業を延々と繰り返すだけです。しかし、その遠心分離機を揃えた巨大な工場がいるので、何をしているかがすぐ分かってしまうわけです。

しかも、すでに紹介したように、人類が核兵器級の核分裂性物質として持っているのは、ごく少量です。一〇メートル四方に入るぐらいです。ですから、それを厳格な国際管理のもとに置けばいいだけのことです。解決しなければならない問題はあります。例えば、ソ連が崩壊した時の混乱によって、兵器級プルトニウムの中にはどこにあるか確定できないものがあると言われています。拡散していて追跡が不可能なものが存在する可能性がある。しかし、その他のものがどこにあるかは分かっているわけで、それは特定できるし、追跡できるということです。だから、生物兵器や化学兵器を禁止するのに比べたら、そこが救いなのです。

したがって、僕らが以前から言っていたのは、「核兵器をなくすことには技術的な困難はほとんどない」、「必要なのは政治的な決断だけだ」ということだったのです。つまり、「核抑止力」という幻想を捨て去る決意、決断さえ先行すれば、技術的な問題はないということです。

そして現在、その政治的合意ができる方向に進みつつあるわけです。法的な禁止を先行させ、核兵器廃絶への政治的合意をつくる。核保有国にもそれを迫っていき、合意を広げていく。そこが進んでいけば、技術的な問題はあとから付いてきます。生物兵器や化学兵器を禁止するのに比べたら本当に簡単な話なのです。

●核をなくすことと原発をなくすことの区別と関連

次に、核兵器と原発の区別と関連です。原子炉を動かす核燃料と、核兵器に使う兵器級の核分裂性物質というのは、少し違いがあります。何が違うかというと、濃度が違う。

原発の場合、プルトニウムと言っても、たとえばＭＯＸ燃料の場合、純度は四％から九％でいいのです。一方、核兵器の場合は、九三％以上と比べ物にならないほど高い純度が求められるのです。ですから、原発でできたプルトニウムを持っているからといって、すぐに核兵器がつくれるわけではないのです。

しかし、同じものではないけれど、二つがつながっているのは間違いありません。そもそも原発と言っても、発電に使われる原子炉というものは、もともと核兵器用のプルトニウムをつくるために、核兵器開発の過程で誕生したものにほかならないのです。さらに言えば、日本の原発に用いられている軽水炉という原子炉は、そもそも原子力潜水艦や原子力空母のために開発された軍事的技術を転用したものです。また低濃縮ウランを燃やす軽水炉は、つくりすぎた余剰濃縮ウランを同盟国に売りさばくために活用されてきたものでもあるのです。このように、核兵器と原子力発電には、切っても切れない深い関係があります。そのことは充分承知の上で、関連をはっきりさせていかなければいけません。

今回の核兵器禁止条約をふまえ、実際に核兵器廃絶に進もうとすれば、核兵器級の核分裂性物質の管理が問題になってくるのは当然です。しかし、だからといって、それが原発の禁止につながるかというと、また別の話になるでしょう。核兵器をなくしていくためには、まず核兵器級の核分裂性物質を完全に管理することが、最優先の課題になることは言うまでもありません。しかし、そのことを考えた場合、原発を動かせば動かすほどプルトニウムが出てくるわけですから、原発がいたるところにあるのがいいことかというと、決してそうではありません。ですから、原発は今回の核兵器禁止条約の対象ではないけれども、その両者の切っても切れない深い関係を常に意識して、プルトニウムをつくるのは止めようと迫っていかなければいけないのだと思います。

同時に、日本は国際的な基準からすると、潜在的核兵器国と言われていることも忘れてはなりません。なぜかというと、日本が「核燃料サイクル」の名のもとで開発をつづけている「高速増殖炉」――悪名高い「もんじゅ」や「常陽」ですが――によって製造をめざしているプルトニウムは、そのまま核兵器に使うことのできる非常に高純度のものだからです。同時に、これまで原発を動かすことで、日本はすでに核兵器に換算すると六〜七〇〇〇発分にもなる四八トンものプルトニウムを保有しています。

原発を動かすことで生じたプルトニウムでは核兵器はつくれないという議論もよく耳にしますが、米ローレンス・リバモア研究所の国家安全保障政策研究所副所長をはじめ多くの専門家が断言しているように、コンピュータの計算能力が飛躍的に向上した今日では、原子炉で生まれたプルトニウムから十分な破壊力を発揮する核兵器をつくることは可能なのです。だから、日本はその気にさえなれば、あっという間に世界一、二位の核保有国になれるのです。核兵器自体をつくるのはたいした技術はいらないので、いまやプルトニウムさえあれば核兵器がつくれるわけです。

しかも日本はもう一つ、優秀なロケット技術も持っています。日本政府は北朝鮮のミサイル開発を強く非難していますが、中国や北朝鮮から見ると、日本のH-ⅡAロケットのほうがずっと脅威でしょう。H-ⅡAロケットというのは、ほとんど打ち上げに失敗していません。あれはそのままミサイル技術になるのです。ロケットとミサイルは撃つ角度が違うだけです。一方、北朝鮮のミサイル発射実験は、まだ失敗することが多いわけです。日本の技術に比べたらずっと信頼性が低い。

ですから、日本がどれだけ核戦力に近いものを持った潜在的核兵器国なのかということを、私たち自身がもっと理解したほうがいいと思います。日本がこれだけの原発を動かして、大量のプルトニウムをためこんでいるということは、日本が核武装を狙っている可能性と無関係ではありません。かつて石破茂防衛大臣（当時）も、「なぜ日本が原発をやめられないかというと、核武装したいからだ」と非常に露骨な形で、その本音を語ったことがあります。

こういう日本政府の野望の実現を許さないためにも、核兵器を禁止していくことが大事なのです。核兵器が禁止されていけば、一方で、日本政府が福島第一原発の悲惨な事故以後も原発をやめられず、再稼働を進めてきた理由の一つ――潜在的な核保有能力を維持したいという理由――を潰すことにもなるわけです。こうした連関を私たちは忘れないでいくことが大切だと思います。

第二章
条約を生んだ世界諸国民の歴史的な闘い

前章で意義を強調した「オープンエンドの国連作業部会」報告書が採択されたのが二〇一六年八月一九日だったということは、それから一年も経たないうちに、核兵器禁止条約ができあがったということです。一年で条約ができたというと、粗雑なところがあるのではないかといぶかる人もいるかもしれませんが、そうではありません。何十年にもわたる原水爆禁止運動があり、核兵器の廃絶を求める諸国政府と市民社会・NGOの運動と連携が広がってきたことにより、「核兵器のない世界」を実現し、維持しようと思えば何が必要かということについて、いろいろな論点はすでに出つくしていたのです。だから、こんな短期間に条約ができあがったということなのです。

そこで続いて、なぜこんなことが可能になってきたかについて、さらに歴史を遡って見ていきたいと思います。

●国際政治の「不可逆的な四つの流れ」

日本の原水爆禁止運動は一九九五年以来、核兵器をめぐって五年に一度開催されるNPT再検討会議を一つの重要な機会として最大限活用し、このNPT再検討プロセスを通じて、核保有国を追い詰めていこうという方針のもとで運動を進めてきました。このなかで、もはやどうしても後戻りできないであろうという四つの流れが明らかになってきたと考えています。国際社会、国際政治の「不可逆的な四つの流れ」です。

第一番目は民主主義の流れです。これには二つの意味があります。

一つは大国の拒否権を許さないということです。コスタリカのような小さな国であっても一国一票。もちろん何でもかんでも多数決というのはよしとはしませんので、あくまでも全会一致を求めながらも、大国が拒否したら何も決まらないというようなやり方はやめようということです。

それからもう一つは、本書の冒頭で「第六の大国」と位置づけましたが、市民社会・NGOを国連の軍縮プロセスのなかに呼び込むということです。市民社会が関与する、市民社会が参加をする。そういう意味での民主主義です。すでに紹介したように、国連の文書のなかで、「すべての国に開かれ、市民社会が参加」するということが、枕詞のように付くような状況になっています。国連において、民主主義とは、市民社会の関与を積極的に認める流れへと進化しつつあるのです。

第二番目は、「法の支配」を強める流れです。「法的に拘束力を持つ措置」を使って、それによって核兵器を禁止していく、それを先行させていこうという考え方は、そのことを意味しています。

現状を見れば、国際社会というのは、まだまだ力が支配する世界です。「力の支配」という考え方がまだ大手を振っているのです。核兵器を持っている五つの国が、いざとなれば核兵器という巨大な力を振りかざして、自分の意のままに世界を動かせる。さらに、その同じ国が、国連安保理の常任理事国として拒否権を持ち、自国に都合の悪いことは阻止できるようになっている。これが残念ながら国連の現状だし、国際社会の現状です。

それに対して、どんなに力があろうとなかろうと、どの国も一つの法のもとに従うような世界をつくろう、そこに正義を実現していこう。これが「法の支配」ということです。「力の支配」とは対極にある世界を実現し、核兵器というもっとも「力の支配」にかかわる領域に「法の支配」を確立していこうということです。

第三番目は抑止力を批判する流れです。抑止力への批判はあとで論じることになりますが、この間、世界では、二つの方向から抑止力批判が展開されて、それがある意味では合流してきました。一つは、「核兵器のない世界の平和と安全保障」を打ち出したオバマ大統領（当時）のプラハ演説に示されたものです。「安全保障」という観点から抑止力を批判する議論です。もう一つは、「非人道性」という角度から核兵器を批判する観点です。この二つが合流し、核抑止力論を挟み撃ちにしてきたというのが、この間の世界の流れだったと思います。

そして第四番目は国際紛争を平和的・外交的に解決するという流れです。これを象徴するできごとは、イランの核問題をめぐる六か国の合意です。アメリカとキューバの国交回復もそうです。実際に世界が核戦争の一番の瀬戸際まで行ったのは、キューバとアメリカのあいだのキューバ危機だったわけですから、核戦争一歩手前まで行ったその二か国が国交を回復したことの意味は、きわめて大きなものです。紛争は平和的・外交的に解決されなければならないということを、この国交回復は象徴的にあらわしているのです。

●NPT再検討会議における核兵器廃絶の「明確な約束」

この「不可逆的な四つの流れ」が世界を変え、核兵器禁止条約を生み出してきました。そこで、その流れごとに、この間の事態を具体的に見ていきたいと思います。

まず第一番目です。民主主義の流れ、市民社会の関与の流れです。

これまでNPT条約のことを何回も取り上げてきました。NPT条約というのは、本当に不平等な条約です。五つの国は核兵器を持っていいが、他の国はすべて持ってはいけないというわけですから、こんな不平等な条約は常識的にあり得ない。この不平等な条約が、一九六八年の締結以来（発効は七〇年）、核兵器をめぐる世界の中心的なルールだったのです。五つの核兵器国も軍縮交渉を行う義務は負ってはいるものの、その義務を誠実に履行しようとはしてきませんでした。

一九九五年、この条約の期限が切れました。その後をどうするかが議論になりましたが、結局、条約を無期限に延長することが決まりました。その代わりに、五年に一度、条約を見直しする会議はしっかりやろうということになったのです。それを条件にして、各国が無期限延長に賛成したということです。原水爆禁止運動は、「こんな条約は即刻なくすべきだ」と頑張ったわけですが、世界の世論はかなり割れました。けれども、それまでと違って再検討会議がしっかりとやられるようになったこと自体は、いうまでもなく一歩前進だったわけです。その後、この五年に一度の再検討会議が国際政治の重要な舞台になっていくこととなるのです。そして、無期限延長後最初の再検討会議（二〇〇〇年）で、とんでもない波乱が起きたのです。「明確な約束」として有名になった以下の文書が全会一致で採択されたのです。

「本会議は、核兵器不拡散条約第六条および『核不拡散および軍縮のための原則と目標』にかんする一九九五年決定……を実行するための、体系的かつ漸進的努力のための以下の実際的措置に合意する。……

（6）第六条のもとですべての締約国が責任を負う核軍縮（nuclear disarmament）につながる、自国核兵器の完全廃絶を達成するという全核保有国の明確な約束」

そうなのです。核軍縮について、全核保有国が自国核兵器の完全廃絶を達成するという「明確な約束」をしたのです。

じつは、このNPT再検討会議を成功させるため、スウェーデン、アイルランド、ブラジル、メキシコ、ニュージーランド、エジプト、南アフリカ共和国からなる七つの国が新アジェンダ連合という国家連合をつくりました。ここがいろいろと積極的な役割を果たし、それまで核兵器廃絶を求めてきた非同盟諸国と協力して、この大きな前進を勝ち取ったのです。

●平等要求が世界を動かしてきた

この時どういう議論がされたのか。これがおもしろいのです。NPT条約は不平等な条約ですが、この不平等を解消する方法は二つあります。一つは、核保有国が核兵器を捨てることです。もう一つは、みんなが核兵器を持つことです。そこで、新アジェンダ連合は、この二つのうちどちらがいいかと迫ったのです。

新アジェンダ連合を特徴づけるのは、その多くが一度は核兵器を持とうとした国だということです。ブラジルとかエジプトとか南アフリカ等々です。そういった国々が、一九九八年六月、ストックホルムで「核兵器のない世界へ——新たな課題（新アジェンダ）の必要性」という共同宣言を発表し、核兵器廃絶に向けて行動を開始していたのです。

核兵器を持とうとした国ですから、アプローチにも特色がありました。「オレたちは捨てた」、「だけど五か国は捨てない」。「だったら、オレたちもやはり持つようにするよ」という論理で迫っていったのです。要するに、五か国が持っている世界と、一〇〇か国が持っている世界と、どちらがいいのかという問い方をしたわけです。それに対して、五か国の側が、〝一〇〇か国が核兵器を持ったらえらいことになる〟ということで、譲歩せざるをえなくなったのです。その結果、この有名な「明確な約束」がされたのです。ここで使われている「核軍縮（nuclear disarmament）」というのは、英語の disarmament は軍備（armament）を否定する（dis）という概念なので、原水爆禁止世界大会では「核軍縮・廃絶」と訳すのですが、いずれにせよ、核保有国が自国の核兵器を全部廃絶すると明確に約束したわけです。

でも、そこには大きな問題がありました。何が問題かというと、日付が入っていないことです。廃絶するという約束を「いつまでに」実行するかが書いていないわけです。こういうのを「空手形」というのです。そこで、この会議以降、日付を明確にすること、「明確な約束」を空手形に終わらせないことが焦点となっていくのです。

当初、それを主導したのが、新アジェンダ連合と非同盟諸国です。非同盟諸国運動は、一九六一年にベオグラードで二五か国の参加により第一回首脳会議を開催したことからはじまり、現在まで平和、開発、貧困などの課題で重要な役割を果たしています。原水爆禁止世界大会にも、歴代議長国の政府代表が参加しています。この流れにさらにもう一つ、あとで紹介しますが、核兵器の非人道性を追及する国家グループが加わり、世界が核兵器禁止の方向に向かって大きく動いていくわけです。

ここに民主主義の流れがあらわれています。つまり、どんな大国であろうと、どんな小国であろうと、国際社会は一国一票であって、その平等性が貫かれなければならないという流れが、ずっと伏線として張られてきたわけです。そして、核軍縮の問題をめぐっても、「五つの大国が特権的に核兵器を持っているのは許せない」、「だから平等にしようぜ」という、この平等要求が世界を動かしてきたということです。

●市民の核廃絶署名が国連ロビーに積みあげられた

さらに、市民社会の参加という意味でも、民主主義が語られはじめました。先ほど、原水爆禁止世界大会に参加している国連軍縮担当上級代表としてドゥアルテさんのことを紹介しましたが、彼は、二〇一一年の

国連ロビーに積みあげられた核兵器廃絶を求める署名（提供：日本原水協）

国連総会第一委員会の冒頭演説で、次のように述べたのです。

「私は、対になった核兵器（禁止）条約を求める署名の山を陳列した『国連軍縮展』の新たな展示のオープニングに出席しました。そこには『平和市長会議』が集めた一〇〇万を超える署名が含まれています。もう一つの国際署名もまたそうした条約を支持するもので、日本の団体である原水協がNPT再検討会議に提出したものです。それは七〇〇万筆にのぼるものでした。いまや中東だけでなく世界を席巻する民主主義革命に関わる流れです。軍縮にも民主主義が訪れていることの証拠は、私が例に挙げた世界中の市長や市民社会のグループの行動をみれば議論の余地がありません」

日本の原水爆禁止運動は、この間、核兵器廃絶めざす国際署名を国連に提出してきました。その署名が、国連のロビーに積みあげられるようになっていました。市民社会と国連の連携が、このように目に見える形であらわれていたのです。

「軍縮にも民主主義が訪れている」、「その証拠はこの署名である」――そういうことを国連の軍縮担当上級代表が語る時代になっていたのです。すべての国に等しく開かれ、そして市民社会・NGOの参加が推奨されるというやり方が、今回の核兵器禁止条約に結実していったということです。

●法的な枠組みを明確な期限をもってつくる

第二番目。「法の支配」です。

これについては、二〇一〇年のNPT再検討会議が非常に大きな意味を持ちました。この会議の最終文書において、「核兵器のない世界の平和と安全保障を達成」することが決定されたのですが、その内容面については、第三番目の抑止力批判のところでふれたいと思います。

「法の支配」ということで大事なのは、最終文書において、「すべての核兵器国に具体的な軍縮・廃絶努力に着手するよう呼びかけ、すべての国が核兵器のない世界の実現と維持のために必要な枠組みを創設する特別な努力を行うことが必要であることを確認する」とされたことです。全会一致で、「必要な枠組みを創設する」ことの必要性に合意したのです。

必要な枠組みとは何なのかという点で、二つのことが言われました。一つは、国連事務総長が提案している核兵器条約の交渉に注目しましょうということです。

そして、もう一つは、「核軍縮・廃絶過程とその他関連する措置の最終段階は、合意された法的枠組のなかで追求されるべきことを確認する。これについて、締約国の大半が明確な期限を設けるべきだと考えている」とされたことです。必要な枠組みというのは「法的な枠組み」のことなのだ、「法の支配」でいきましょうということがここで決まったわけです。これが「法の支配」という流れの出発点であるということになります。しかも、その法的枠組みをつくるのには、「明確な期限」が必要だということも重要でした。いつまでも引きのばすわけにはいかないということです。

こうして、この二〇年間、一つひとつ積み上げてきたわけです。この間ずっと私たちは署名運動などに取り組んできましたけれども、それがこうして確実に実を結んできたということです。

●安全保障の見地で核兵器の有効性が問題になる

第三番目。抑止力に対する批判という問題です。

この問題に一つの大きな弾みをつけたのは、オバマさんがアメリカの大統領に就任した直後、プラハで行った演説でした。いまとなってはどんなものだったか思い出せない人もいるかもしれません。オバマさんはここで、「今日、私は核兵器のない世界の平和と安全保障を追求するという米国の約束を、明確に、かつ確信をもって表明する」と述べたのです。

「核兵器のない世界の平和と安全保障」ということが大事です。一般的にはここを「平和と安全」と訳すのですが、それでは意味が伝わりません。「平和と安全保障」ということです。安全保障の見地に立った上で、核兵器は本当に有効なのかという疑問が提示されたということが大事なのです。たとえば「テロとの戦い」、あるいは北朝鮮のような「ならず者国家」との戦いのなかで、安全保障という見地から見て、核兵器は本当に有効なのかという疑問がオバマ大統領から提起されたわけです。

それまで、核保有国にとって、あるいはアメリカの「核の傘」のもとにある国々にとって、核兵器が安全保障にとって不可欠だということは、ある意味で自明の前提でした。それが核抑止力ということでした。そこに疑問が投げかけられたわけですから、とても大きなできごとだったのです。実際、オバマ大統領はそれを追求しつづけ、任期中の八年間ずっと、「核セキュリティ・サミット」を開催してきました。「核安全保障サミット」です。テロリストに核兵器を渡さないためには何が必要かという問題を議論していたのです。

じつは、核兵器が安全保障にとって有効なのかという疑問を最初に提起したのは、ヘンリー・キッシンジャーでした。ニクソン、フォード政権の時の国務長官であり、アメリカ外交界の重鎮です。

「ウォール・ストリート・ジャーナル」という日刊の経済紙がありますが、その二〇〇七年一月、二〇〇八年一月の号に二回にわたって、キッシンジャーをはじめとするアメリカの核戦略の中枢にいた人たちが、こぞって「核兵器のない世界」を呼びかけたのです。他には、ジョージ・シュルツ（レーガン政権時の国務長官）、ウィリアム・ペリー（クリントン政権時の国防長官）、サム・ナン（元上院軍事委員会委員長）でした。これに対して、当時存命中の国務長官、国防長官経験者の九割から賛同が寄せられ、海外からも、ゴルバチョフ元ソ連大統領、ベケット元イギリス外相など、多くの支持が表明されることになりました。

●テロリストに渡すぐらいならなくしたほうがいい

これが最初に報道された時、僕らも非常に驚きました。核戦略を推進した側にいた人たちが、こぞってこんなことを言いだしたわけですから、びっくりして当然でしょう。でも要するに、9・11の同時多発テロがきっかけだったわけです。あのテロを見たある人物が――マックス・カンベルマンというレーガン政権で対ソ交渉の窓口をやっていた人物なのですが――こう証言しています。「最初は背筋が凍った――」。「アメリカの中枢にテロリストが攻撃を仕掛けてきた。ここまでテロリストは力を持ったのか」と。でも、次の瞬間には胸をなで下ろした。なぜなら、「やつらは、まだ核兵器を手にしていない」と――。

彼は、「やつらが核兵器を手にする前に、なくさなきゃまずい」と思ったのです。そこで、すぐにキッシンジャーたちを説得に行き、七年間かけて説得して、「核兵器のない世界」という呼びかけを実現したというのです。「ウォール・ストリート・ジャーナル」に掲載された声明は次のようなものでした。

「核兵器と核のノウハウ、核物質は加速度的に拡散し、引き返すことが不可能なところまで来ている。われわれは、これまで発明された最も破壊的な兵器が危険な者たちの手に落ちるという現実の可能性に直面している。これらの脅威に対処するために、現在われわれがとっている措置は、その危険に見合ったものになっていない。核兵器がますます広範囲に入手可能となるなかで、抑止力の有効性はますます低下する一方で危険性は増大している。われわれは核兵器への依存を低減し、核兵器が拡散して危険な者たちの手に落ちることを防ぎ、世界の脅威である核兵器を最終的になくすための全地球的な努力をおこなうよう呼びかけた」

この呼びかけの核心は何かというと、テロリストに核兵器を渡すくらいなら、核兵器をなくしたほうがいいということです。そしてこれが、核兵器をなくすという方向への一つの大きな潮流になったのです。僕ら草の根の市民社会・NGOが核兵器の廃絶を言っているのではなく、為政者たちが、核兵器のボタンに実際に手をかけてきた人たちが、核兵器というのはなんの役にも立たないのではないかと思った。なくしたほうがいいのではないかと思った。これがとても大事なのです。オバマの演説というのはその流れのなかにあったのです。

当時、この話を紹介すると、「キッシンジャーさんたちも歳をとったらいい人になるんですね」という感想がずいぶんありました。しかし、それは違うんです。彼らにとって大事なのは、あくまでアメリカの安全保障なのです。核兵器が非人道的だから廃絶しようと思ったわけではない。テロリストに核兵器が渡るぐらいだったら、なくしたほうがいいというだけのことで、アメリカの安全保障第一という思考方法はベトナム戦争の頃から本質的に変わっているわけではないのです。しかし、そういう彼らの目から見ても、核兵器はなくさなければならないと言っていることがとても大事であり、私たちにとってもも大きなチャンスだったのだということです。

●「グローバルゼロ・キャンペーン」の動き

キッシンジャーらと同じような考えに立った国際団体が、「グローバルゼロ・キャンペーン」というものです。ゴルバチョフ、ジミー・カーターなど、世界の有名な政治家が参加していて、僕のところにもメールがときどき届きます。

ここのホームページを見ると、より正直に考え方が書いてあります。次の箇所です。

「われわれは核兵器への依存を低減し、核兵器が拡散して危険な者たちの手に落ちることを防ぎ、世界の脅威である核兵器を最終的になくすための全地球的な努力を行うよう呼びかけた。……テロや核拡散の脅威が世界中に広がっているが、核を求めるテロリストを説得することは困難である。よって、核兵器そのものを廃絶していくしかない」

「テロリストを説得することは困難」だから核兵器廃絶だというのです。実際、説得する場合、二つの方法があるのですが、たしかにどちらも困難だと思います。

一つは話し合いで説得することですが、テロリストと合理的、理性的に話し合えるはずがない。というより、話し合いに応じないような人が、テロリストになっているわけです。

もう一つは、「やれるもんならやってみろ!」と凄んで説得するという方法です。核兵器の使用をちらつかせて威嚇して、その巨大な破壊力を振りかざして説得するわけです。ヤクザもそういう説得の仕方をします。これこそが「核抑止力」という名の説得です。

でも、テロリストに対して、「おまえら、もしテロをやったら核兵器をぶち込むからな!」と脅したとしても、はたして意味があるでしょうか。報復をしようにも、当のテロリスト本人は、自爆して死んでしまっているわけですから、どこに報復攻撃をしたらいいのでしょうか。当人にではなく、テロリストを送り出した組織の本拠に報復をしたらいいのでしょうか。しかしテロリストは、一般市民の中に潜んでいるのですから、核兵器によって報復しようとしたら、少しでもあやしい所に無差別に撃ち込むしかありません。それではたして報復になるのかという話です。テロリストには「核兵器によって報復するぞ！」という脅しは効かないわけです。

キッシンジャーらにすれば、ここに一抹の不安と疑問が芽生えてしまったということなのです。でも、よく考えてみると、自分たちが軍事力で世界を支配しようとして、その結果、テロリストが生まれているわけであって、そのテロリストを説得できないからなどという理由を掲げるのは、かなりおかしな理屈です。動機は不純なのです。けれども、それでも核兵器はなくしたほうがいいと言っていること自体は、とても大事だということです。

もちろん、安全保障のためには核兵器が不可欠だという考え方、核抑止力論は、まだ国際政治の世界では通用しています。それどころか、ウクライナやクリミア問題でのロシアの対応をめぐって、ＮＡＴＯでは抑止力の議論が高まっていますし、米ロ両国も核兵器の増強を主張しています。巻き返しは激しいのです。それをどう打開するかは大事な課題ですが、オバマやキッシンジャーたちが核兵器の抑止力は有効ではないかもしれないという疑問を持った事実は、これからも一つの突破口になっていくだろうと思います。

●核兵器の非人道性は原水禁運動の原点

しかし、一方で、「安全保障」という観点だけでは、抑止力論の壁はなかなか突破できないということも事実だと思います。そこで、もう一つの攻め口が準備されてきたのです。それが、核兵器の非人道性を告発するという流れでした。

振り返ってみると、すでに論じたことですが、国際政治の場で核兵器廃絶へと動かした最初の流れは、NPT条約の不平等性への怒りでした。「おまえたちが核兵器を持ちつづけるなら、オレたちも持つぞ!」というものです。そして次が、「テロリストに核抑止力は有効なんだろうか」という疑問でした。そして現在あらわれているのが、核兵器の非人道性を問題にしていくという流れです。こういういくつもの流れが合流し、核保有国に対する包囲網がどんどん狭まっていき、じわじわと締め付けてきたというのが現状なのです。

こうして国際政治のレベルでも核兵器の非人道性が問題になっているわけですが、日本の原水爆禁止運動が核兵器の廃絶を求めてきた原点は、そもそも核兵器の非人道性ということにほかなりませんでした。広島、長崎の被爆の実相を見れば、こんなものを人類に対して二度と使わせてはならないということは、あまりにも明白なのです。そして、二度と使わせないための保障はどこにあるかというと、核兵器を廃絶する以外にないんだということが、私たちの運動の原点だったわけです。この運動の原点が、ようやく国際的な一つの大きな流れとなって、不平等を告発する流れ、テロリストに渡すくらいなら廃絶したほうがいいのではと疑問を持つ流れと合流して、核保有国を追いつめていく巨大な流れになってきたということなのです。

核兵器の非人道性を問題にするのは、最初は一六か国のささやかな呼びかけだったのです。けれども重要だったのは、先ほど紹介した新アジェンダ連合や非同盟諸国に加わっていない国々がここで新たに登場して、その中心に座ったということです。ノルウェー、スイス、そしてオーストリアなどです。いまはオーストリアが一番大きな役割を果たしています。

この一六か国が二〇一二年のＮＰＴ再検討会議の準備会合において、共同声明を発表しました。それが「核兵器使用の非人道性」を前面に打ち出し、その全面廃絶を訴えるというものでした。この声明の発表に当たって、恥ずかしいことに、日本政府は相談すら受けなかったとされています。

●核兵器の非人道性とその法的な禁止が結合して

これが決定打になりました。国連総会第一委員会でも、「核兵器の人道上の結果に関する共同声明」が決議され（二〇一四年一〇月二〇日）、「いかなる状況下でも核兵器が二度と使用されないことが人類生存の利益」だとして、「核兵器が再び使用されないことを保障する唯一の方法は核兵器の全面廃絶しかありえない」と打ち出しました。これに賛成する国は一五五か国に拡大しました。核兵器の非人道性ということでは日本政府も棄権や反対することはできず、賛成することになります。いまでは賛成国は一五九か国（ＮＰＴ加盟国の八割）に拡大し、これは現在、核兵器をなくすべきだという議論の最大多数となっています。声明の中心点は以下のようなものです。

「過去の核兵器使用や実験の経験は、その巨大で制御不可能な破壊力や無差別性がもたらす受け入れられない人道的結果を示している。いかなる状況下でも核兵器が決して二度と使われないようにすることが人類の生存のためになる」……

「核兵器使用による壊滅的な結果への認識が、再検討会議での作業も含めて、核廃絶へのあらゆる接近と努力の土台にならなければならない。核兵器が二度と使われないことを保障する唯一の道はその全面廃絶だ。ＮＰＴの目的達成を含めて、核兵器使用の阻止、拡散防止、廃絶の達成へすべての国が責任を共有している。

この責任を達成する上で市民社会が政府とともに重要な役割を担っている」

なぜこれが最後の決定打になったのかというと、被爆者の本当に切なる願いを基礎にしているからです。被爆の実相を広げることを中心課題の一つとしてきた日本の原水爆禁止運動は、決定的な意味を持っていたということです。その訴えに、ようやく世界が耳を傾けたということです。今度の国連会議の冒頭で被爆者の代表が発言したことに見られるように、非人道性を押し立てていくことが、核兵器禁止への主要な流れとなっているのです。

この結果、核兵器の非人道性ということと、それを法的に禁止するということが、有機的に結合することになります。最終文書が反故になったNPT再検討会議（二〇一五年）において、オーストリアが中心になって、一か国ごとに「核兵器の非人道性を認めるか」と迫り、「それだったら核兵器を法的に禁止することも認めるか」と言って、署名させていったのです。踏み絵のようなものです。そして会議の最後で、オーストリアの大使が、この「人道の誓約」に署名した国の名前を一つずつ読み上げていくという、非常に象徴的なシーンがありました。NHKもあまり意味が分からないまま報道して、目にした人も多いと思います。

ここまでの到達があったから、最終文書が反故になっても、事態はそれを乗り越えて進んでいったのです。それがオープンエンドの作業部会だったのであり、それらがすべて結集し、実を結んで、核兵器禁止条約につながったのです。トランプが何をしようと、核抑止力論者が反撃に出てこようと、そんなことはもう織り込みずみなのです。そんなことでは、この流れが元に戻ることはありません。これこそが世界の「不可逆的な流れ」なのです。

●抑止力というのは自衛力ではない

抑止力というものは、こうして安全保障と非人道性という角度から包囲されているわけですが、まだまだ政治の世界では幅を利かしています。それに決定的な最後の批判をくわえることが、今後の重要な課題になっています。そのためにはまず、抑止力というものを正確に理解することが大事だと思います。

抑止力とは何なのか。一言で言えば、もし相手が攻撃を仕掛けてくるようなことがあったら、圧倒的な軍事力で報復し、壊滅的なダメージを与えるぞと脅迫することによって、相手が手を出せないような状態におく力のことです。つまり、相手を「報復」「脅迫」「恐怖」で支配しようとするのが抑止力です。

ですから、石垣島に自衛隊を置くというのは、抑止力とは関係ありません。オスプレイも抑止力ではありません。輸送機であるオスプレイを配備したからといって、圧倒的な軍事力で報復することにも、壊滅的なダメージを与えるぞと脅迫することにも、まったく役に立ちません。

一方、たとえば中国が尖閣に攻めてきたら、自衛隊がそれを阻止するというのは、抑止力ではなくて自衛力の問題です。抑止力というのは、「北京を火の海にするぞ！」、「北京を壊滅させるぞ！」と言って威嚇し、それを担保するだけの能力を持ってこそ、初めて成立するのです。日本ではそれが混同されていて、自衛力、防衛力の問題との違いが分かっていない人があまりにも多いのです。

昔の懐かしい首相が、「学べば学ぶほど抑止力の大事さが分かった」と言いましたが、あの時に問題になったアメリカの海兵隊も抑止力ではありません。海兵隊は、そんな壊滅的で破壊的な攻撃力など持っていません。せいぜい打撃力であって、抑止力ではない。防衛省とか外務省の連中が一生懸命にウソを吹き込んだのです。そして鳩山さんは、抑止力ではないものを抑止力だと信じてしまった。しかし私たちは、だまされてはなりません。

くり返します。抑止力というのは、相手の本拠地に壊滅的な打撃を与える巨大な攻撃力のことです。そして大事なことは、そういう壊滅的な打撃を与えるものだとすれば、まさに核兵器こそが抑止力の名にふさわしいということです。これ以外を抑止力だというのは大きな間違いだということです。

●際限のない核軍拡競争と一触即発の危機をもたらす

では、抑止力の何が問題なのか。抑止力に頼るかぎり、どういうことが起こるのか。

一つには、これまで何度も言われていますが、際限のない軍備拡大競争を招くということです。なぜかというと、自分が何らかの攻撃を受けたら、相手に対して「壊滅的な打撃」を与えるというのは、「一〇倍返しだ！」という論理にほかならないからです。単純化すると、相手の一〇倍の軍備を持っていないと抑止力にはならないのです。これが、アメリカが核軍拡を進めた根拠です。そして、相手も同じ論理に立とうとすると、やはりアメリカに壊滅的な打撃を与える軍事力を持とうとするわけです。お互いに際限がなくなるわけであって、これこそが核軍拡競争を激化させる論理だということです。

それからもう一つは、一触即発の緊張をもたらすということです。抑止力と抑止力のにらみ合いになる。北朝鮮とアメリカのあいだでは、まさに一触即発の状態になっていました。北朝鮮は、「アメリカ本土に核ミサイルをぶち込むぞ！」と言えるようにならないかぎりは抑止力にならないと考え、必死になって核兵器と長距離弾道ミサイルの開発に邁進しました。北朝鮮は、日本にミサイルを撃ち込んだところで抑止力にはならないと分かっている。アメリカ本土に届く長距離弾道ミサイルに核兵器を積んでこそ抑止力になると考えていて、明らかにそういう抑止力を持とうとしているわけです。一方のアメリカは、「そういう抑止力を北朝鮮が持つのは許さないぞ」と言って、脅迫を強めている。その結果、本当に一触即発の状況が生まれていたのです。

抑止力の問題点をさらに指摘すれば、徹底的な報復力を持ってしまうと、結局、先に使いたくなるということです。つまり、「撃つな、撃ったら撃ち返すからな」と言っているうちはいいのだけれども、それだけの能力を持ってしまうと、「いや、先に撃ったほうが早いよね」「被害も少ないよね」という話になるわけで、抑止力には先制攻撃の誘惑が必ずつきまとうのです。ブッシュ政権もそうだったわけです。イラクのフセイン政権が大量破壊兵器を持っているかもしれない、それが使われると大きなダメージを受けるということで、先制攻撃の誘惑にかられ、核兵器を使用することはなかったにせよ、先制攻撃を実行したということです。

しかし、核兵器禁止の動きが強まるなかで、国連のなかでも抑止力に対する批判が公然と語られるようになっています。決定的なのは、国連事務総長の発言でした。潘基文氏は、二〇一〇年七月、「平和市長会議」へのメッセージで次のように述べたのです。

「核軍縮・廃絶は夢だと片付けられることが多いが、核兵器が安全を保障するとか、一国の地位や威信を高めるとかいった主張こそが幻想だ。……明確にしよう、安全を保障し、核兵器の使用から逃れる唯一の方法は、それを廃絶することだ」

国連事務総長が、「抑止力とは幻想だ」とまで言いきったのです。この発言は非常に大きな意味があった。この幻想にいつまでしがみついているのかということが、いま問われているのです。

四番目の流れは、国際紛争の平和的・外交的な解決の流れです。イランの核開発問題を解決した六か国合意やアメリカとキューバの国交回復が、この流れを象徴する出来事であったことは、すでにお話したとおりです。

●世界が日本国憲法に追いついてきた

こうした核問題での世界の変化を見ると、世界がようやく日本国憲法に追いついてきたのではないかと実感します。

日本国憲法は、九条ばかりが注目されがちですが、前文も大事です。前文には、「恐怖と欠乏から免れて平和のうちに生存する権利」がうたわれています。抑止力というのは、その前文が否定している「恐怖」なのです。つまり、「恐怖による平和」など本当の平和ではないんだというのが、日本国憲法の立場なのです。非常に先見的なのです。まだ東西冷戦下での核軍拡競争が本格的にはじまる前の段階で、「抑止力によって得られる平和なんて平和ではないんだ」ということを思想的に表明している。そういう意味で、日本国憲法というのはますます、その輝きを増そうとしているのだと思います。そんな日本国憲法を変えようなんてあり得ないことだと、改めて確認しておく必要があると思います。

日本国憲法前文にいう「恐怖と欠乏」のうち、「欠乏」という問題も欠かすことができません。前文で書かれた平和的生存権を実現するためには、「恐怖」から解放されるだけではなく、「欠乏」からの解放も必要なのです。平和的生存権というのは、一方では「恐怖」、要するに核抑止力をはじめとする威嚇や脅迫によって世界を支配することに対して明確に反対するものですが、同時に、もう一方で「欠乏」にも反対するものです。世界的な格差と貧困があるかぎり平和はないというのが、この憲法前文の立場なのです。

そういう意味ではいま、世界のどこにも平和はありません。少し前のデータですが、世界の富豪上位八人の総資産が、下位三六億七五〇〇万人の資産を上回っていたのです。ビル・ゲイツとか、ザッカーバーグだとか、そういう八人の資産の合計が、三六億七五〇〇万人、世界人口の半分の資産より多いというわけです。こんな状態で、「恐怖」と「欠乏」から免れた平和が実現するとはとても考えられません。

●「核兵器のない平和で公正な世界」

原水爆禁止世界大会にしても、そのスローガンはこの間一貫していて、「核兵器のない平和で公正な世界を」なのです。「核兵器のない世界」、あるいは「核兵器のない平和な世界」ではない。「核兵器のない平和で公正な世界」。その「公正」を、常に大事にしていきたいと思います。

一時期、原水爆禁止運動と、世界社会フォーラムの運動をどう相互につなげていくかということを、ずいぶん追求したこともあります。平和運動というのが、格差、貧困、グローバル化と闘う人々、あるいは環境問題で闘う人びとも含めて大きく連帯をしていく、共闘をしていくというのはとても大事なことなのです。

核兵器をなくしていければ、少なくとも相当の軍事費が浮くことになります。たとえばアメリカの国防予算は、二〇二〇年度で八〇兆円だと言われますが、それだけあったらどれだけのことができるかという話です。八人が持っているものが三六億七五〇〇万人と同じということは、逆に言えば、貧しい人たちを救うのにたいしたお金は必要ないということなのです。八人が持っている程度の資産でいい。ですから、核兵器を中心とした軍備に使っているもの、その開発のために使っているものを、貧困と格差の解消のために回していけば何ができるかということを考え、打ち出していく必要があると思います。それは絶対に切り離せない課題だという意識を僕らは持っています。そもそも一一八か国の非同盟諸国が核兵器廃絶の先頭に立ちつづけてきた一つの重要な理由は、やはりこれなのです。

それからもう一つ大事なのは、最後は核兵器による威嚇によって維持されている世界の秩序というのは、きわめていびつだということです。つまり、たった八人の富豪と世界の三六億七五〇〇万人の資産が釣り合っているという、このいびつな世界の秩序がなぜ維持できているのかといえば、それは最終的には核抑止力、核兵器の圧倒的な破壊力による威嚇によって維持されているからにほかなりません。だから、これを解体していくことは、やがては世界全体の権力構造を変えることにつながるわけです。ある意味で、これこそ世界のあらゆる問題の解決の糸口なのだという展望を、僕らは持つべきだろうと思います。

第三章

禁止から廃絶への新たなステージへ

●核兵器違法化の時代の幕が切って落とされた

二〇二〇年一〇月二四日、中米の国ホンジュラスからの五〇番目の批准書が、アントニオ・グテーレス国連事務総長に寄託され、核兵器禁止条約の発効が確実となりました。核兵器の開発、実験、製造、取得、保有、貯蔵、移転、受領、使用、威嚇、支援、奨励、勧誘、配備、設置、展開を法的に禁止する歴史的条約は、九〇日後の二〇二一年一月二二日に発効し、核兵器が国際法によって違法化される新たな時代の幕が切って落とされたのです。

核兵器禁止条約発効が確実となったことを受け、グテーレス国連事務総長は、その報道官声明（二〇二〇年一〇月二四日）で、「条約発効は、これを強く求めてきた核爆発と核実験の生存者たちに報いるものです」と述べ、この条約が「広島・長崎をくり返すな」「ふたたび被爆者を作るな」「核兵器をなくせ」と叫びつづけてきた被爆者の悲願に応えるものであり、その発効が被爆者に捧げられるべきものだとあらためて表明しました。

他方、AP通信によれば、批准国が発効に必要な五〇か国に近づきつつあるなか、米トランプ政権（当時）はすでに批准した国々に対して書簡を送りつけ、「核兵器禁止条約を批准する貴国の主権は承認するが、戦略的誤りを貴国が犯したと確信しており、批准書は撤回すべきである」との理不尽な要求を突きつけたそうです。いやしくも独立した主権国家に対して、条約の批准書の撤回を迫るなど、確立された国際社会のルールを踏みにじる前代未聞の暴挙だといわなければなりません。

これは米国はじめ核保有国が条約発効をいかに恐れていたかを雄弁に物語るものですが、裏返せば、この条約の有効性をこれほど明らかにした出来事もありません。岸信夫防衛大臣（安倍前首相の実弟）は発効確定の翌日に、「核兵器禁止条約の有効性に疑問を感じざるを得ない」と発言しましたが、トランプ政権の前代未聞の振る舞いが、こうした日本政府の立場への何より有力な反論だったというわけです。

●国際社会における民主主義の流れの健在がしめされた

同時に核兵器を振りかざす超大国の恫喝に対して、これまで批准した国々の中で、一か国もたじろぐことなく批准書を撤回しなかったこと、むしろ粛々と条約発効へと向かっていったことは特筆すべきことでしょう。

批准した国々の中には、ベトナム（人口約九六〇〇万）、メキシコ（人口約一億三〇〇〇万）、バングラディシュ（人口一億六〇〇〇万）、ナイジェリア（人口約二億）、フィリピン（条約発効後の二〇二一年二月一九日に批准書を寄託、人口約一億）などの大国も含まれますが、その四割までは、バチカン、パラオ、クック諸島、ガンビア、セントルシア、サモア、サンマリノ、ヴァヌアツ、セントビンセント及びグレナディーン諸島、キリバス、モルディブ、トリニダード・トバゴ、ドミニカ、アンティグア・バーグーダ、ベリーズ、フィジー、ニウエ、セントクリストファー・ネイビス、マルタ、ツバル、ナウル、ベナン、コモロといった人口一五〇万以下の非常に小さな国々です。こうした小さな国々が、超大国アメリカの恫喝に屈することも、たじろぐこともなかったということ。ここに核兵器禁止条約を実現させていった「国際社会の不可逆の流れ」、とりわけ大国の事実上の拒否権行使を許さず、大国も小国も平等に一国一票の多数決で決めていくという民主主義の流れが、ゆらぐことなく継続しているのを見てとることができるでしょう。

人類の希望を拓く条約がついに発効する前々日の一月二〇日、大統領選挙の結果を受け入れず、熱狂的支持者たちを扇動して議会の暴力的占拠という大事件を惹き起こしたトランプ氏がホワイトハウスをすごすごと退去していきました。この象徴的な出来事はこんにちの世界の姿を見事に表していたのです。

●広島・長崎の被爆から七五年の記念すべき年に

二〇二〇年は、広島・長崎の被爆から七五年、国連創設から七五年、核不拡散条約（ＮＰＴ）の発効から五〇年の節目の年でした。さらに四月から五月にかけて、五年に一度のＮＰＴ再検討会議がニューヨークの国連本部で開催されるはずの年でした。二〇〇〇年の核兵器国による核兵器完全廃絶への「明確な約束」、二〇一〇年の「核兵器のない世界の平和と安全保障を達成する」との決定や、そのための「必要な枠組みを創設する特別の努力」の確認など、これまで積み重ねられてきた再検討会議の成果の上に、核兵器禁止条約の採択を踏まえたどのような前進がかち取られるのか。二〇二〇年再検討会議には、大きな注目と期待が寄せられていました。

再検討会議の開催に合わせて、原水爆禁止世界大会をニューヨークで開催することが日本被団協、日本原水協、原水禁国民会議をはじめ米ロ英仏の反核・平和運動の代表や国際平和ビューローの代表など二〇名によって呼びかけられ、「原水爆禁止世界大会──核兵器廃絶、気候危機の阻止と逆転、社会的経済的正義のために──」が開かれることになっていました。二〇二〇年という記念すべき年に、「核兵器のない世界」への大きな一歩を踏み出そうという世界中の人々の願いと決意がここに結集されるはずでした。

しかし、新型コロナウィルス感染症のパンデミックによって、原水爆禁止世界大会inニューヨークは中止を余儀なくされ、NPT再検討会議も二〇二一年八月に延期されました。世界がコロナ感染症の脅威にさらされるなか、被爆七五年、国連創設七五年、NPT発効五〇年の記念すべき年は、それにふさわしい成果を残せずに終わるかとも思われました。そこにもたらされたのが核兵器禁止条約の発効確定という素晴らしい知らせだったのです。発効そのものは二〇二一年に持ち越されたわけですが、この歴史的達成は被爆七五年、国連創設七五年を彩るにふさわしいものとなったのです。

条約の実現をもたらした①民主主義、②「法の支配」、③「核抑止力」への批判、④国際紛争の平和的解決という国際社会の「不可逆の四つの流れ」は、トランプ政権がもたらした危険な逆流にもコロナ禍の猛威にもかかわらず、力強く世界の歩みを前へと進めてきたのです。

●中満泉国連軍縮担当上級代表のメッセージ

コロナ禍についていえば、すでに三五五万以上（二〇二一年六月一日現在）もの人々の大切な生命を奪っているこの深刻なパンデミックが、多くの人々にさまざまな気づきと目覚めをもたらしつつあり、こうした人々の意識の変化がこの世界を確実に変えようとしているということ。それが大切なのだと思います。コロナ禍による世界の変化は、国際社会の「不可逆の四つの流れ」をいっそう加速させようとしているからです。これを確信に条約発効によって始まった核兵器禁止からその廃絶への新たなステージへと意気高く乗り出して行かねばなりません。

原水爆禁止世界大会inNYは、オンライン開催となってしまいましたが、このオンライン大会に国連軍縮担当上級代表の中満泉さんがビデオ参加されました。中満さんは、「パンデミックによって、これまで想像もしなかったような破滅的状況が引き起こされる可能性が生まれています。このグローバルな危機は、国境で防ぐことはできず、そのため集団的な対応が必要です。しかし私は、このパンデミックが、一方で社会や組織や個人など私たち全員を団結させる可能性を生み出すことを期待しています。この危機を通じて連帯を築くなかで、私たちは固定化した分断を乗り越え、困難であっても必要なその他の課題の解決にもとりくまなければなりません。とりわけ、緊急の目標である核兵器の廃絶において」という素晴らしいメッセージを送ってくれたのです。固定化した分断を乗り越え、核兵器廃絶や気候危機阻止などの人類的課題に立ち向かっていく人々の共同、連帯、団結の可能性が、コロナ禍という困難との闘いを通じて必ず広がっていく。中満さんの語ったこうした展望を私たちもしっかり共有していきたいと思います。

●コロナ禍がもたらす人々の気づきと目覚め

コロナ禍は世界と各国社会の歪みを根底から暴き出し、多くの人々にさまざまな気づきと目覚めをもたらそうとしています。この気づきと目覚めは以下の四点に整理できます。①改めて明らかとなった人の生命の大切さと人間の尊厳・個人の尊厳、②感染拡大が露わにした貧困と格差、そして医療体制と公衆衛生の脆弱さをもたらした新自由主義からの脱却の必要性、③人類共同の闘いに分断を持ち込み、医療充実や貧困解消に向けるべき資源を軍事費に浪費する自国第一主義や大国主義の愚かさ、④科学的なエビデンスに基づく説明責任を果たさない政府への信頼の喪失です。

コロナ禍は、わずか一年半の間に三五五万以上もの人々の生命を奪いました。家族にも看取られず、葬儀もままならぬまま、場合によっては巨大な穴に棺ごと投げ込まれるように葬られる。コロナによる死は、とても人間としての尊厳ある死とは言えません。私たちはコメディアンの志村けんさんや女優の岡江久美子さんが、家族に看取られることもなく火葬にふされ、遺骨となってはじめて親族のもとに帰される姿を目の当たりにしたわけです。感染拡大と死亡者の増加により、コロナによって亡くなった方々の火葬が間に合わず、一週間も一〇日も待たされるという事態すら生じているという現実も報道されました。

多くの人々は間近に迫りくる死への恐怖に苛まれながら、あらためて人の生命の尊さと人間の尊厳・個人の尊厳に想いを致さずにはいられません。「原爆は、人間として死ぬことも人間らしく生きることも許しません」という被爆者の言葉（「原爆被害者の基本要求」、一九八四年）が、いまほど人々の胸に響く時はないのです。

●コロナウィルスは決して平等に人を襲わない

しかも尊厳ある人間の生命が、コロナウィルスの前では決して平等ではないことも明らかです。コロナ禍により約六〇万人もの生命が奪われた米国では、黒人の死亡率が白人の二倍に達しているといわれます。コロナ禍というフィルターを通して見た時、この世界の貧困と格差、差別と分断といういびつな歪みが露わになってくるのです。

こうした状況のもと、白人警官の暴力により黒人男性が殺害された事件を契機にBlack Lives Matter（「黒人の生命も大切」）の運動が燎原の火のごとく拡がり、大統領選挙の結果にも大きな影響を与えました。二〇二〇年八月から九月に行われた全米オープンテニスの女子シングルスで優勝した大坂なおみ選手が、試合のたびに黒人犠牲者の名前を記したマスクを着けて登場し、Black Lives Matter への賛同を表明したことも記憶に新しいところでしょう。

日本でも、テレワークに移行できた正規雇用の人々とエッセンシャルワークという美名のもと感染リスクを犯して現場に出ざるを得ない非正規雇用の人々との格差の問題、さらには休業要請や時短営業による非正規雇用の人々の雇い止めによる格差と貧困のいっそうの拡大の問題など、コロナ禍というフィルターの向こうには、新自由主義のイデオロギーと政策のもたらした歪みが露わな姿を見せたのです。

新自由主義のもたらした貧困と格差のもと、コロナ禍のもたらす経済的ダメージは、この社会のなかでもっとも弱い立場にいる人々を直撃します。たとえば日本において、シングルマザーのおかれた窮状は目を覆いたくなるほどのものです。非正規のダブルワークやトリプルワークでかろうじて子どもたちを育てているシングルマザーたちは、コロナ禍における飲食店への休業要請や営業時間短縮によるシフトの減少や雇止めの直撃をいの一番に受けたのです。

シングルマザーの方々におコメや食料品、日用品などの支援（月に一度のスペシャルボックスの送付）を行うことを軸に、Zikkaと呼ばれる居場所の提供、行政への橋渡しや、ママのための学校、親子旅行の支援など多彩な支援活動をつづける「一般社団法人シンママ大阪応援団」には、このコロナ禍のもと引きも切らずにSOSのメールが寄せられ、それに応える「緊急スペシャルボックス」が次々と発送されています。子どもに食べさせるために自分は一日一食で耐えるママたちの悲鳴は、この社会の歪みをいやがおうでも露わにしています。

●コロナ禍のもと女性の自殺が急増している

コロナ禍が始まって以来、日本では女性の自殺者が急増していることもまぎれのない現実です。警察庁と厚生労働省が発表した確定値によれば、二〇二〇年の自殺者は二万一〇八一人と一一年ぶりに増加に転じ、男性自殺者は減少をつづける一方で、女性自殺者は七〇二六人と前年比九三五人の増加となったとされています（「令和二年中における自殺の状況」、二〇二一年三月一六日）。

その背景にコロナ禍による女性の雇用悪化があることには疑う余地もありません。それ以外にも、コロナ禍による在宅勤務の増加がドメスティック・バイオレンス（DV）の被害を増加させ、女性や子どもが追い詰められているという指摘もあります。大阪市西成区で子ども食堂をはじめ子どもの居場所づくりに取り組んでこられた方からは、いま必要なのは「居場所」ではなく「逃げ場」だという声があがっています。DVを逃れて夜の街に出ざるをえない、少女たちの「逃げ場」の確保も深刻な問題です。さらには、シングルマザーはじめ若い女性のあいだに広がる生理用品を買う余裕さえをも奪われた「生理の貧困」にも、新たな社会問題としての注目が集まっています。

飲食店でのアルバイトが激減したり、雇止めになったりして、困窮する学生たちの実態も見過ごせません。私の勤める関西学院大学の周辺でも、西宮市社会福祉協議会が行うフードバンクの取り組みに、二kgのおコメと缶詰一個を求めて数百名もの学生が列をつくるという現状もあるのです。

このように新型コロナウィルス感染症というフィルターを通して見たとき、そこにはこの二〇年以上にわたる新自由主義のイデオロギーと政策がもたらした格差と貧困の実態が露わな姿を見せることとなったのです。

●新自由主義がもたらした医療の絶望的なまでの脆弱さ

しかもその新自由主義の市場万能主義が、「官から民へ」、自己責任、効率最優先といった掛け声のもと、各国の医療、公衆衛生、介護、福祉の体制を絶望的に脆弱化させていたことも露呈しました。脆弱な医療体制のもと、医療崩壊のなかで救えたはずの尊い生命がどれだけ失われていったのか。新自由主義の権化ともいうべき「大阪維新の会」が一〇年にわたり支配してきた大阪で、コロナによる死者数が日本一となっていることは決して偶然ではありません。

大阪の医療体制をめぐる現状はまさに目を覆いたくなるようなものです。まずは保健所ですが、これは「維新」のせいばかりとはいえませんが、二七五万都市である大阪市に保健所は一つしかありません。たった一つの保健所にＰＣＲ検査の手配、入院や施設療養の調整、濃厚接触者の追跡など、コロナ禍への対応が集中するわけですから、大阪市保健所はまさに戦場のようなありさまです。

コロナ感染が疑われる人が電話相談をする「新型コロナ受診相談センター」は保健所におかれていますが、

この電話は一〇〇回掛けても繋がらないといわれています。ＰＣＲ検査も一週間待ち、一〇日待ちといわれます。私自身も二〇二〇年八月に高熱を発して保健所に電話したことがあります。さいわい一回で繋がったのですが、ＰＣＲ検査は一週間後になるといわれ、さらには「有料の検査でも良いならググって（Googleで検索して）みて下さい」といわれて思わずのけぞった経験があります。基礎疾患を抱えた高齢者に一週間も待たせたら重症化して、死亡してしまうかもしれません。これが大阪の公衆衛生行政の実態です。

しかし保健所の職員の方々を責めるわけにはいきません。大阪府関係職員労働組合がその実態を明らかにしているように、保健所の現場で働く保健師さんたちは、深夜までの残業、休日出勤、公用携帯を持ち帰っての緊急対応で、「いつになったらゆっくり眠れるのか？」という過酷な状況に置かれつづけているのです。それもこれも「維新」が、二〇〇七年から二〇一九年までの一二年間に衛生行政職員を一万二三三二人から九二七八人へと四分の三にまで減らしてしまった結果に他なりません。

●橋下徹氏でさえ自己批判からはじめるしかなかった

新型コロナ感染症の患者さんを受け入れ、治療にあたっている医療機関の多くが、公立病院であることは衆知のことですが、大阪府下の公務員の医師、看護師などの医療従事者の数は、同じ一二年間で八七八五人から四三六〇人へと半分以下に減らされており、住吉市民病院など地域に根づいた公立病院も廃止されてきたのです。

さらに感染症対策の最前線に立ち、ＰＣＲ検査なども担うことになる大阪府立公衆衛生研究所と大阪市立環境科学研究所は、「二重行政解消」の名のもとに統合され、その職員は三分の二に削減されてしまいました(以上は、国公労連の雑誌『KOKKO』編集者である井上伸氏の Twitter による。二〇二〇年五月一一日、井上伸@雑誌 KOKKO@inoueshin0)。

こうした「維新」の新自由主義的政策が、大阪の医療体制を絶望的なまでに脆弱化させてきたのです。大阪が東京をしのいでコロナ感染症による死者数が日本一になっていることの背景には、こうした医療体制の脆弱化があったことは明らかです。

そしてこうした医療体制の脆弱化については、かの橋下徹氏自身も自らの責任を認めざるを得ませんでした。「大阪都構想」をめぐる二度目の住民投票をひかえてテレビに出ずっぱりになった橋下氏ですが、テレビへの復帰を機に Twitter において、「僕が今更言うのもおかしいところですが、大阪府知事時代、大阪市長時代に徹底的な改革を断行し、有事の今、現場を疲弊させているところがあると思います。保健所、府立市立病院など。そこは、お手数をおかけしますが見直しをよろしくお願いします」「平時の時の改革の方向性は間違っていたとは思っていません。ただし、有事の際の切り替えプランを用意していなかったことは考えが足りませんでした」(二〇二〇年四月三日、橋下徹@ hashimoto_lo) と自己批判からはじめざるを得なかったのです。

コロナ禍というフィルターを通して見れば、こうして新自由主義の権化ともいうべき「大阪維新の会」のやってきたこととその帰結は、これまでになく鮮やかに際立ってくるのです。「大阪都構想」をめぐる二度目の住民投票の結果に、このことが少なからぬ影響を与えたことは誰にも否定できないでしょう。

●マッチョな指導者たちの自国第一主義と大国主義

「コロナはただの風邪」と豪語し、マスク着用を「男らしくない」と非難する米トランプ大統領（当時）やブラジルのボルソナロ大統領、英ボリス・ジョンソン首相らの自国第一主義や大国主義が、コロナ禍に立ち向かう世界の共同に大きな障害となってきたことも明らかです。世界保健機関（WHO）からの脱退や、ウィルスの起源をめぐる米中の鞘当てなど自国第一主義と大国主義の弊害は枚挙にいとまがありません。

米国大統領選挙でも、コロナウィルスを正しく怖れ、マスクの着用や郵便投票を呼びかける民主党のバイデン候補を「勇気がない」などと揶揄しつつ、あえてマスクを着用せずに選挙運動をつづけ、マスクを着けない大人数の支持者たちによる選挙集会を全国でくり広げたトランプ氏の行動が、米国におけるコロナウィルスの感染拡大に拍車をかけたことは否定しようもありません。現に米国の死者数は二〇二一年六月一日現在で約六〇万人で世界一位、ブラジルは同じく約四六万人で世界二位、イギリスも同じく約一三人でヨーロッパでは第一位となっています。こうしたマッチョな指導者たちのあり様は、後で述べる台湾の蔡英文さん、ドイツのメルケルさん、ニュージーランドのアーダーンさん、フィンランドのマリンさんたちとは対照的だといわねばなりません。

トランプ、ボルソナロ、ボリス・ジョンソンの三人が三人とも自らコロナウィルスに感染したことは自業自得といったところでしょうが、この中で唯一重症化し、人工呼吸器に繋がれて生死の境をさまよったボリス・ジョンソン英首相が生還した際、「社会というものがまさに存在する（There really is such a thing as society.）」と自己隔離中のビデオメッセージで語ったことはある意味で象徴的な出来事でした。これは新自由主義の元祖ともいうべきマーガレット・サッチャー元英首相が一九八七年に発した「社会なんてものはない。あるのは個々の男たちと女たち、家族である」という言葉を否定したものとされています。新自由主義的な市場万能主義を掲げて英国のＥＵ離脱を主導したボリス・ジョンソン首相さえもが「社会」の必要性に目覚めたのかと世界の注目を集めました。しかし結局のところ、ジョンソン政権は感染対策よりも経済回復を優先させる立場に逆戻りし、あらためてより深刻な感染爆発に直面することとなりました。

●軍事力による国家安全保障の確保という政策の愚かさが

マッチョイズムや「力への崇拝」を背景とした自国第一主義や大国主義の最たるものが、巨大な軍事力により国家の安全を確保しようとする「国家安全保障」という考え方です。コロナ禍のなか、世界では年間二兆ドル（二〇〇兆円）もの軍事費が浪費されています。そのほんの一部でも人工呼吸器や人口肺装置（ＥＣＭＯ）に振り向けることができたら、どれだけの生命が救えることでしょう。

中満泉さんは、国連のホームページに掲載されたメッセージで、「国連の七五年の歴史において、莫大な破壊力を持つ兵器により安全保障を確保しようとする愚かさがこれほど明らかであったことはありません」と述べています（「国連軍縮部は活発な取り組みを続けています」――COVID－19パンデミックの軍縮の仕事への影響について、二〇二〇年四月二八日）。このメッセージの重要さはどれだけ強調しても強調しすぎることはありません。

このメッセージをはじめて目にした時、国連軍縮担当上級代表が本当にこんなことを言ってしまっていいのだろうかと少し心配になりました。中満さんといえば、二〇一七年の核兵器禁止条約締結のための国連会議で、唯一の戦争被爆国である日本の政府が条約締結と会議開催に反対し、席を蹴って出て行った後に、まるで被爆国民へのプレゼントのようなかたちでアントニオ・グテーレス国連事務総長が軍縮担当上級代表に任命してくれた方です。それ以来、原水爆禁止世界大会の会場にも駆けつけて下さったり、先に紹介したようにオンライン開催となった原水爆禁止世界大会inＮＹにも、原水爆禁止二〇二〇年世界大会にもビデオメッセージを送って下さいました。

そうはいっても、「莫大な破壊力を持つ兵器により安全保障を確保しようと」することの「愚かさ」に国連事務次長の要職にある中満さんが言及するというのは、さすがに驚きでした。憲法九条を持ちながら、敵基地攻撃能力の保持や長距離ミサイルの開発をもくろむ日本政府など、「愚の骨頂」だといわねばなりません。コロナ禍における人々の意識の変化と、それにともなう世界の変化は、こうしたところにまで進んできているのです。

オンライン開催となった原水爆禁止二〇二〇年世界大会の主催者声明はこのメッセージを引用するとともに、軍事力による「国家安全保障」から国民一人ひとりの生命と暮らしを守る政策への転換を要求しています。「核抑止力」がこうした愚かな「国家安全保障」の最たるものであることは言うまでもありません。核兵器禁止条約は、コロナ禍のもと多く人々が「核抑止力」や「国家安全保障」の愚かさに気づき、目覚めざるを得ない状況のなかで、発効の日を迎えたのです。

●科学的エビデンスに基づいて説明責任を果たせない政府を戴くことの痛み

最後に科学的なエビデンスに基づく説明責任の問題です。世界を見渡すと、こうした説明責任を果たし、国民の信頼を確保することでコロナ禍の封じ込めに成功している政治リーダーの名を挙げることができます。台湾の蔡英文さん、韓国の文在寅さん、ドイツのメルケルさん、ニュージーランドのアーダーンさん、フィンランドのマリンさんなどです。先ほどのトランプ、ボルソナロ、ジョンソンのマッチョトリオとは対照的に、こうした注目すべきリーダーの多くが女性であることにも重要な意味があるように思います。

これらのリーダーとは対極的な存在として、我が国の政権の体たらくを指摘しないわけにはいきません。「モリカケ問題」や「桜を見る会」における隠蔽・捏造・改竄で不信にまみれた安倍前政権が、これでもかとばかりにくり出した全国一斉休校、アベノマスク配布、ＧｏＴｏトラベルキャンペーン強行といった愚策の数々。日本国民は、説明責任を一切果たさず、一片の信頼も置き得ない政府を戴く不幸を痛切に思い知らされました。

小中高校の全国一斉休校は、安倍晋三首相が首相官邸の一部の官僚たちと突然決定したものとされていますが、この決定は、新型インフルエンザ等対策有識者会議などの専門家と相談することもなく、小中高校を所管する文部科学大臣の意見も聞かずに下されたとされています。私は先日、徳島県母親大会に招かれて記念講演をさせて頂きましたが、この全国一斉休校が決定された時点では、徳島県ではまだ一人の感染者も出ていなかったとお聞きしました。しかし突然の一斉休校に悲鳴を上げたのは、子育て中のお母さんたちでした。小学生の子どもたちを家に残して働きに出ることはできません。突然休校だといわれても子どもを預けるところが簡単に見つかるわけではありません。特に非正規の仕事に就いているシングルマザーなど、子どものために仕事を休めば、収入減に直結しますし、学校給食がなければ、子どもの食費もかさみます。本当に弱い立場にいるお母さんたちが、政府の思いつきとしかいえないような政策に振り回され、大きな経済的ダメージを被ったのです。

●数百億円をドブに捨てたアベノマスク

アベノマスクも悲惨としかいえない愚策でした。「全国民にマスクを配れば世の中がパっと明るくなります」とかいう官邸官僚の進言を真に受けた安倍晋三首相が数百億円を掛けて全世帯に配布した二枚の布マスク。市中に不織布マスクが十分に出回るようになってから、忘れたころに届いた小さくて鼻がはみ出てしまうような布マスクには、カビやら虫やら髪の毛やらがついていて。気持ちが明るくなるどころか、人々は怒りと絶望で暗澹たる気持ちになったものです。アベノマスクのためにドブに捨てられた数百億円を有効に使うことができたなら、失われなくてすんだどれだけの生命が救われたことでしょう。

二〇二〇年二月二九日の日刊スポーツの第一面には、「コロコロコロナ対策　国民怒り沸騰　安倍政権ふざけるな!!」の巨大な見出しが躍りました。国民のあいだに沸き上がった轟々たる非難のなか、二〇二〇年八月二九日、安倍前首相はついに体調悪化を口実に退陣を余儀なくされたのです。

安倍政権に取って代わった菅義偉政権ですが、最初は「苦労人のたたき上げ」「パンケーキおじさん」といったイメージ戦術で高支持率を誇ったものの、学術会議会員六名の任命拒否問題やＧｏＴｏトラベルへの固執による感染再拡大の問題などによって、相変わらず説明責任を果たす能力を欠いたままの「アベのままでスガ政権」であることが露呈して、一気に支持率が低迷するに至りました。こうした事態もまた、コロナ禍による人々の気づきと目覚め、そしてそれにともなう世界の変化の一環です。

●「破竹の三連勝」ともいえる経験が

二〇二〇年末から二〇二一年始めにかけて、私たちは世界の変化の現れを「破竹の三連勝」ともいえる形で経験しました。一〇月二四日の核兵器禁止条約の発効確定と年明け一月二二日の条約発効、一一月一日の「大阪都構想」の住民投票における反対派の勝利、そして一一月三日の米大統領選挙での反トランプ勢力の勝利と年明け一月二〇日のトランプ氏のホワイトハウスからの退去です。一見バラバラにも見えるこれらの勝利ですが、すべてがコロナ禍による世界の変化の一環であること。それが大事です。

核兵器禁止条約がすでに述べたような米トランプ政権による妨害をはねのけて粛々と批准国を増やしながら発効の日を迎えたのは、①民主主義、②「法の支配」、③「核抑止力」への批判、④国際紛争の平和的解決という国際社会の「不可逆の四つの流れ」が揺らぐことなく流れつづけていることの証であるとともに、コロナ禍がもたらした人間の尊厳・個人の尊厳の大切さに対する人々の意識の変化、とりわけ中満泉国連軍縮担当上級代表が述べているような「莫大な破壊力を持つ兵器により安全保障を確保しようとする愚かさがこれほど明らかであったこと」はないというコロナ禍における世界の変化の帰結であることはいうまでもありません。

他方で、大阪におけるささやかな勝利と、米大統領選挙におけるバイデン候補の勝利は、ともに人々の共同の力が「固定化した分断を乗り越え」た証だともいえるでしょう。中満泉国連軍縮上級代表が原水爆禁止世界大会inＮＹでのビデオ発言で語った世界の人々の団結、共同、連帯の発展による固定化した分断の乗り越えという展望が、大阪と米国で現実のものとなったのです。

●もぐる「維新」に挑んだ路地裏宣伝と路地裏対話の勝利

大阪市民を分断し、高層タワーマンションに住む男性中堅サラリーマン層や自営上層といった人々を固定化したガチの支持者へと組織化した「維新」は、今回の住民投票では、「もぐる」という戦術をとることをあえて選んだとされています。二〇一五年の住民投票の敗因を、橋下徹氏を先頭に街頭で煽り過ぎた結果、市民の関心が高まって投票率が約六七％にまで上がってしまったことに求めたからそうしたというのです。

確かに投票率が約六七％の二〇一五年の住民投票では約六九万票対約七〇万票で敗北、投票率が約五一％に留まった二〇一五年の市長選では約六〇万票対約四〇万票で勝利、投票率が約五三％だった二〇一九年の市長選では約六六万票対約四八万票で勝利となっています。分断を固定化し組織化した「維新」は投票率が低ければ低いほど強いのです。

派手な街頭宣伝やメディアを駆使した空中戦を控え、固定化した組織票を対象に電話掛けや戸別訪問に徹するという戦術を選択した「維新」には、自分たちが組織した固定票への自信と驕りがあったように思います。しかし、「もぐる」ことを選択した「維新」を打ち破ったのは、「主戦場は路地裏にある」を合言葉に徹底して路地裏にはいり込んで、路地裏宣伝と路地裏対話に取り組んだ反対派市民の共同の力でした。コロナウィルスの感染拡大がつづくなか強行された住民投票について、「住民投票よりコロナ対策を！」と訴え、「維新」の新自由主義政策によって大阪の医療がいかにめちゃくちゃにされたのか、政令市としての大阪市を廃止したら市民の生命と暮らしはどうなるのかといった市民の声に応えて、路地裏のすみずみで無数の対話がくり広げられました。

ABCテレビとJX通信社の合同情勢調査によれば、九月一九―二〇日には一四ポイントも開いていた賛成と反対の差は、一〇月一〇―一一日には三ポイント差にまで縮まり、一〇月三〇―三一日には一・六ポイント差で逆転したのです。この推移こそ、反対票を路地裏での対話を通じて掘り起こしていった路地裏対話の成果を示すものでした。その結果、投票率が約六二%へと高まるなかで、約六八万票対約六九万票の僅差でしたが反対派市民が見事に二度目の勝利をおさめたのです。

●バイデン陣営は新たに一〇〇〇万票以上を掘りおこした

トランプ前大統領は、白人優位主義や自国第一主義を煽ることで米国民を分断し、その分断を固定化することによって大統領再選を目指しました。バイデン陣営による大規模な不正選挙が行われたとの根拠のない告発をくり返すことで、トランプ陣営はあたかも今回の大統領選挙がまれに見る大接戦であったかのように装ったのですが、実際のところ獲得選挙人数ではバイデン氏の三〇六人に対してトランプ氏の二三二人と、バイデン陣営の圧勝ともいえる結果に終わりました。もちろんトランプ氏側の提起した訴訟もことごとく棄却され、バイデン氏側の不正選挙は事実とは認められませんでした。

さらに重要なことは、全米での得票数でバイデン氏の約八一二七万票に対してトランプ氏の約七四二二万票と七〇〇万票もの差がついたことです。確かにトランプ前大統領の得票は、前回二〇一六年の約六五八四万票から八五〇万票近くも伸びており、歴史的な得票数を獲得したことも否定できません。しかしバイデン陣営の得票数はそれをさらに大きく上回るものだったわけです。バイデン大統領の獲得した八一二七万票という数字は、二〇〇八年にバラク・オバマ元大統領が獲得した約六九五〇万票を一〇〇〇万票以上も上回るまさに史上最大のものだったのです。

米大統領選挙は、米国市民に自動的に投票資格が与えられることはなく、自己申告による有権者登録を行わなければ投票資格を得ることができません。アフリカ系やヒスパニック系などの貧困層では有権者登録をしていない人々も多く、こうした貧困層に支持を広げるためには、まず有権者登録を促すことからはじめなければなりません。

この有権者登録について知ってか知らずか、こんなに得票数が増えたのは、やはりバイデン陣営に不正があったからに違いないと嘯く自称評論家がいまだに日本にはいるようですが、そのようなフェイクは少なくとも米本国では通用しません。ここで問題なのは、反トランプ陣営がその圧倒的な運動量でアフリカ系やヒスパニック系の貧困層に対する戸別訪問を展開し、有権者登録と民主党への支持を訴えて、一〇〇〇万を大きく超える人々が新たに大統領選挙に参加するよう働きかけてきたということです。

その先頭に立ったのは、バーニー・サンダース大統領候補やオカシオ＝コルテス下院議員など民主党急進左派を支持する若者たちだったに違いありません。草の根における地道な戸別訪問や募金集めの運動が、有権者登録を掘り起こし、八一〇〇万票以上というバイデン陣営の圧倒的勝利を呼び込んだのです。

地を這うような人々の共同の力で「固定化した分断」を乗り越えたという意味で、大阪のささやかな勝利と米国での歴史的な勝利には共通した特徴が見られます。そして核兵器禁止条約の発効という歴史的な達成がかち取られた前々日、条約発効を誰よりも怖れ、すでに批准書を寄託した国々に対して批准書撤回を迫ったトランプ大統領は、ついにホワイトハウスからの退去を余儀なくされたのです。

●「核兵器のない世界」へのカウントダウンが始まった

いま、この世界はコロナ禍による多くの人々の気づきと目覚めを通して、まさに変わりつつある世界です。核兵器禁止条約を実現した「国際社会の不可逆の四つの流れ」は、こうした変化によって、いっそう加速されるはずです。この流れの行き着く先には、「核兵器のない平和で公正な世界」がその扉の開かれる日を待っているのです。

核兵器禁止条約の発効によって始まった核兵器の違法化から廃絶へと向かう新たなステージ、「核兵器のない世界」への道のりは、いったいどのようなものとなるのでしょうか。

核兵器禁止条約は、この条約を批准し、加盟した国が増えれば増えるほど、核兵器の開発、実験、製造、取得、保有、貯蔵、移転、受領、使用、威嚇、支援、奨励、勧誘、配備、設置、展開の違法化された領域が拡大していくという建てつけになっています。そして条約第4条により核保有国にも門戸が開かれ、核保有国には①自国の核兵器を廃棄してから条約に加盟するか、②条約に加盟した上で国際的な厳格な管理のもとで核兵器を廃棄するという二つの道が用意されています。つまりこの条約は、核兵器を違法化するだけでなく、そのもとで「核兵器のない世界」が実現できるものともなっているのです。

この第4条は条約締結の国際会議の議論の過程で、原案に新たに書き加えられたものです。この条約は交渉過程で禁止条約から廃絶条約へと大きく踏み込むかたちで修正され、そのうえで採択されたということです。つまり全ての核保有国がこの条約に加盟しさえすれば、新たに核兵器廃絶条約を締結する必要はなく、この条約のもとで核兵器廃絶が実現するのです。

核兵器禁止条約が発効したということは、「核兵器のない世界」へのカウントダウンがはじまったということにほかなりません。二〇二〇年一〇月二二日の発効確定から批准・加盟国は四か国増えて、現在（二〇二一年六月一日）五四か国です。これが一か国増えれば、「核兵器のない世界」へのカウントダウンがひとつ進むことになります。条約を批准し、加盟する国を一刻も早く一か国でも多く増やしていくこと、これが最大の課題となるのです。当面、世界の国々の過半数に当たる一〇〇か国の加盟が目標となるでしょう。加盟国が世界の半数以上になった時、この条約の道義的・政治的な拘束力は飛躍的に強まることになるはずです。

条約第12条は、締約国が非締約国に対して条約への加盟を奨励することを求めています。どのように加盟国を増やしていくかという問題は、条約第8条に定めによって二年ごとに開催される締約国会合の重要な議題となることでしょう。

第一回目の締約国会合は発効から一年以内に召集されることになっており、二〇二二年一月までには開催されます。締約国会合には私たち市民社会＝非政府組織（NGO）も召集されます。市民社会も参加して加盟国をどのように増やしていくかが議論されるのです。

加盟国を増やしていくには、非加盟国の国内において反核・平和運動を強め、草の根から「核兵器のない世界」を求める世論を大きく広げていくことが何よりも重要です。そして、コロナ禍によってもたらされた人間の尊厳、個人の尊厳をめぐる人々の意識の変化、軍事力による国家安全保障よりも、一人ひとりの生命と暮らしを守る政治の必要性への気づきは、「核兵器のない世界」を求める世論の広がりを後押ししてくれるでしょう。

●「核の傘」の下にある核兵器依存国の加盟が重要

核兵器禁止条約の加盟国を増やし、その有効性を大きく高めていくには、核保有国と軍事同盟を結び、「核の傘」の下にある核兵器依存国と呼ばれる国々をどのように加盟させていくのかが重大な問題となるはずです。北大西洋条約機構（ＮＡＴＯ）や日米安全保障条約のもとにあるヨーロッパ諸国や日本がこれに当たります。

こうした国々が依存する「核の傘」は、拡大抑止ともいわれるように、同盟国による核兵器の「使用の威嚇」によって安全保障を確保するものだとされています。核兵器禁止条約が第1条で核兵器の使用の威嚇を禁止している以上、「核の傘」の下にある国々もこの条約に違反していることになります。しかし核保有国との軍事同盟の下にある国々でも、「核の傘」からの離脱を明確にすることができれば、軍事同盟を破棄することなく条約に加盟できるはずです。

核兵器依存国の条約加盟については、二〇二〇年九月二一日には、ドイツ、スペインなどＮＡＴＯ加盟の二〇か国と日本、韓国の五六名もの大統領、首相、外相、防衛相経験者が連名で、各国政府に加盟を呼びかける公開書簡を公表しています。書簡には韓国の元外相でもあった潘基文《パン・ギムン》前国連事務総長、元ＮＡＴＯ事務総長のハビエル・ソラナ（スペイン）、ウィリー・クラース（ベルギー）の両氏をはじめ、日本からは鳩山由起夫元首相、田中眞紀子元外相、田中直紀元防衛相も名を連ねています、書簡では、自分たちの国は「核兵器禁止条約を支持する世界の多数派に加わろうとしていない」とし、現指導者に対し「その立場を再考すべきだ」と強調。「人類に対する実在の脅威に直面して迷うわけにはいかない。勇気と大胆さを示して、禁止条約に加わらねばならない」と訴えているのです。

またNATO本部が首都ブリュッセルに置かれているベルギーでは、二〇一九年一〇月に発足した七党連立政権が、「ベルギーは、NATO内での責任と義務を果たしながら、国際レベルでは、非核化・核不拡散に積極的に取り組む。ベルギーは二〇二一年の核不拡散条約再検討会議でリーダーシップを取り、NATO加盟の欧州諸国と共に、核不拡散の多国籍枠組みを強め、国連核兵器禁止条約がどうしたら核兵器禁止の多国籍枠組みに新しい弾みを与えられるかを模索する」として、条約に対して前向きな政策を打ち出しています。

NATO加盟諸国の世論調査では条約支持の声が七割にのぼります。こうした世論を背景に、スペインやオーストラリアでも主要都市の首長や国会議員の間で条約加盟を求める声が広がっているのです。

第一回締約国会合では、「核の傘」の下にある核兵器依存国をどのように条約に迎え入れるかが議論されるだろうといわれています。日本もまた日米軍事同盟の下にあるわけですから、どのような条件が整えば加盟が認められるのかという議論に注目したいと思います。いずれにせよ、日本はじめ核兵器依存国において条約への署名と批准を求める運動を決定的に強めることが最重要の議題だということです。

●核兵器製造企業を兵糧攻めに

さらに、条約第1条（e）によって禁止されている核兵器の開発や製造に関わる企業に経済支援＝投資や融資を行っている金融機関を追及し、こうした資金を引き上げさせるという課題もあります。核兵器製造企業を兵糧攻めにするということです。投融資禁止キャンペーンと呼ばれるこの取り組みは、核兵器禁止条約に先行した対人地雷禁止条約（オタワ条約、一九九九年発効）やクラスター爆弾禁止条約（オスロ条約、二〇一〇年発効）の有効性を高める上で非常に大きな役割をはたしてきました。

核兵器に関しても、すでに核兵器廃絶国際キャンペーン（ICAN）によって、「核兵器にお金を貸すな」プロジェクトの取り組みが開始されています。このプロジェクトの一環として、オランダのNGO「PAX」が行った「核兵器製造企業に対する世界の金融機関による投資について調査」の二〇一九年版報告書「私たちの安全を脅かす取り引き」（二〇一九年六月）によれば、二〇一七年一月から二〇一九年一月の間に、世界三二五の金融機関が七四八〇億ドル（約八一兆円）以上を主要な核兵器製造企業一八社に提供していることがわかっています。この三二五社は二八か国に属し、このうち九〇社は今回の調査で新たに核兵器製造企業への投資が分かった金融機関で、これらの機関による投資額は一〇七八億ドルだったとされています。

また、日本の金融機関で核兵器製造企業に投資をしていることが分かったのは日本政策投資銀行、芙蓉総合リース、三菱UFJフィナンシャル、みずほフィナンシャル、野村、オリックスコーポレーション、SMBCグループ、三井住友トラストの八社で、投資の総額は二五六億ドルにのぼります。

一方、核兵器禁止条約が採択された二〇一七年七月以降、核兵器製造企業への投資を停止した金融機関は、日本の千葉銀行を含め世界で九四社、金額にして五五五億ドルになることも明らかになっています。

このように核兵器禁止条約締結後、ヨーロッパを中心に核兵器製造企業への投融資を自己規制する動きが広がりはじめてはいます。しかし日本では、これまでりそなホールディングス（二〇一八年一一月）や九州フィナンシャル・グループ（二〇一九年七月）が核兵器製造企業と取り引きしない方針を発表し、また二〇二〇年一二月には日本生命、第一生命、明治・安田生命、富国生命の四社が核兵器製造・関連企業への投融資を自制していることが明らかになったとはいえ、まだまだこれからの課題といわなければなりません。

金融機関への調査や要請を強め、国際法で禁止された投融資から手を引くように求める世論と運動を大きく広げていくことが必要です（以上は、ピースボートのWebサイト、https://peaceboat.org/29877.html を参照）。

●二年ごとの締約国会合、六年ごとの再検討会議を重要な節目に

条約発効によって、これまでの五年に一度のＮＰＴ再検討会議に加えて、二年ごとの核兵器禁止条約締約国会合、さらには六年に一度の核兵器禁止条約再検討会議が、核兵器の違法化から廃絶への新たなステージの節目となっていくはずです。

すでに述べたように、第一回締約国会合は発効の日から一年以内、つまり二〇二二年一月までに開催されることが決まっています。記念すべき第一回締約国会合は条約締結に多大な貢献をしたオーストリアが、首都ウィーンでの開催を目指して早々と名乗りをあげています。ＮＰＴ再検討会議のようにニューヨークの国連本部で開催されるというわけではないようですから、是非とも広島・長崎での開催を視野に入れるべきだろうと思います。

広島市議会は、条約発効が確定した直後の二〇二〇年一〇月二七日、「核兵器禁止条約の実効性を高めるための主導的役割を果たすことを求める意見書」を採択しましたが、そこには「締約国会合の開催に当たっては、『迎える平和』の取組を推進する被爆地広島で開催するよう国連に対して働き掛けること」という事項が含まれています。また二〇二〇年一一月二日には、長崎市議会でも、「締約国会議の開催に当たっては、

最後の被爆地長崎で開催するよう働きかけること」を要請する意見書が採択されています。

条約に背を向ける日本政府には、第一回締約国会合を広島・長崎に招致するつもりは微塵もないようですが、今後二年ごと、あるいは六年ごとに締約国会合と再検討会議が開催されることになっているわけですから、できるだけ早く、広島と長崎での開催を実現すべきだろうと思います。そして、それは唯一の戦争被爆国日本の国民的な願いであるばかりではなく、「核兵器のない世界」を目指す世界諸国民の望むところでもあろうと思うのです。

もちろん、締約国会合や再検討会議が世界の何処で開催されようとも、私たちはその都度、被爆者の皆さんはじめ日本の市民社会の代表を送り出していかねばなりません。五年に一度のＮＰＴ再検討会議に、核兵器禁止条約の締約国会合と核兵器禁止条約再検討会議が加わるわけですから、送り出す方も、送り出される方も大変なことになりそうです。忙しくはなるわけですが、その分「核兵器のない世界」への前進のチャンスがたくさん訪れるということです。頑張っていきましょう。

●締約国会合への日本政府のオブザーバー参加をめぐって

核兵器禁止条約締約国会合の広島・長崎招致とも関わって、締約同会合への日本政府のオブザーバー参加をめぐる議論も起きています。条約第８条５項では、締約国会合には非締約国もオブザーバーとして招待されることが定められており、条約に未署名のスイスやスウェーデンなどがオブザーバー参加する意向であるとも伝えられています。

日本政府はオブザーバー参加の是非について、「条約に対するわが国の立場に照らして慎重に見極めていく必要がある」（二〇二〇年一〇月二七日、加藤勝信官房長官の発言）と否定的な姿勢を崩していませんが、このオブザーバー参加については、菅政権の与党の一角を占める公明党が積極推進の立場を表明しています。

山口那津男公明党代表は、条約発効が確定する以前の二〇二〇年一〇月二一日に茂木外相に対して、日本が核保有国と非核保有国の「真の橋渡し」の役割を担うことを求めるという立場から、「締約国会合のオブザーバー参加をはじめ、日本の貢献のあり方について議論を始めてもらいたい」と強く要望したと報じられています。こうした公明党の動きを受けて、寺田稔衆議院議員や足立康史衆議院議員など自民党や日本維新の会の一部からも、オブザーバー参加を支持する声が聞こえてきます。

ただ、核保有国との「橋渡し役」を担うという美名のもと、核保有国であり同盟国でもあるアメリカの代弁者の役割を果たされてはたまったものではありません。そんな役割を果たしてもらったところで、被爆者や被爆国民の願いに応えることになるはずがありません。

先に触れた広島市議会の決議と長崎市議会の決議では、「核兵器禁止条約を早期に署名・批准すること。それまでは、オブザーバーとして締約国会合及び検討会議に参加すること」（広島市議会決議）、「唯一の戦争被爆国として一日も早く禁止条約への署名・批准を行い、それまでの間は、オブザーバーとして締約国会議及び検討会議に参加すること」（長崎市議会決議）と、むしろ核兵器祭止条約への早期の署名・批准を求める立場にたって、署名・批准が実現するまでの間についてのオブザーバー参加が求められているのです。

ここで大事なことは、オブザーバー参加すべきか否かではなく、条約への早期署名・批准を目指すこととオブザーバー参加が結びついているか否かではないでしょうか。気をつけておくべきポイントだと思います。

●唯一の戦争被爆国・日本が加盟することの意義

最後に重要なことは、唯一の戦争被爆国であり、米国の「核の傘」の下にある日本政府の条約への加盟を一刻も早く実現することです。これは日本国民の国際的責務ともいえるでしょう。

日本政府は「抑止力の維持・強化を含めて、現実の安全保障上の脅威に適切に対処しながら、地道に核軍縮を前進させる道筋を追求していくことが適切だ。条約はそうしたアプローチとは異なるため、署名は行わないという考えだ」（加藤勝信官房長官の記者会見、二〇二〇年一〇月二三日）との立場を表明し、条約への加盟に背を向けています。

米国の「核の傘」の抑止力にあくまでも依存して、北朝鮮や中国の脅威を口実に、軍事力による国家安全保障という立場に立ちつづけるということです。コロナ禍により多くの国民が人の生命の尊さ、人間の尊厳・個人の尊厳の大切さに気づきつつあるいま、核抑止力や国家安全保障の「愚かさ」を直視せず、一人ひとりの生命と暮らしを守る政策に転換することのできない日本政府のあり方が、これほど問われているときはありません。

北朝鮮や中国の核の脅威が問題だというのなら、日本が率先して核兵器禁止条約への加盟を表明し、韓国や北朝鮮と手を取り合って同時加盟して、日本と朝鮮半島の非核化を実現すること。さらに米国、ロシア、中国には、非核保有国への核兵器不使用と紛争の平和的解決を約束させ、北東アジアにおける平和体制の構築を追及する方がより現実的な方策ではないでしょうか。

北東アジアの平和体制のモデルとしては、東南アジア諸国連合（ＡＳＥＡＮ）による東南アジア友好協力条約（ＴＡＣ）の取り組みがあげられます。米国の「核の傘」＝拡大抑止への依存から解放され、国際紛争の平和的解決というルールを北東アジアの地域に確立していくことこそが、憲法九条を持つ日本にふさわしい道だと確信します。

●「日本政府に核兵器禁止条約の署名・批准を求める署名運動」がはじまる

世論調査の結果を見れば、日本国民の六～七割が条約への参加を支持しており、全国の地方自治体の三割を超える五六〇自治体（二〇二一年六月一日現在）の議会が「核兵器禁止条約への署名・批准・参加を日本政府に求める意見書決議」を採択しています。こうした世論をいっそう強めていくことが必要です。

二〇二〇年一〇月二九日、坂本龍一、瀬戸内寂聴、田中熙巳、節子サーロー、田中真紀子、田中直紀、川崎哲、坪井直、朝永万佐男の各氏をはじめ一三七人の呼びかけにより、「日本政府に核兵器禁止条約の署名・批准を求める署名運動」が開始されました。

署名の内容はつぎの通りです。

いま世界では、核兵器禁止条約の発効から核兵器廃絶へとすすもう、という声が広がっています。多くの国ぐにが被爆者の声に耳を傾け、「核兵器による安全」ではなく、「核兵器のない世界による安全」を選択し、核兵器禁止条約を支持し、参加しつつあります。

唯一の戦争被爆国である日本政府は、核兵器廃絶の先頭に立たなければなりません。

国内の世論調査でも、日本が核兵器禁止条約に参加すべきとの声は七割を超えています。日本政府がこの被爆者と国民の声に誠実に応えることを訴えます。

核兵器禁止条約
日本政府も署名・批准を
2021年1月22日
核兵器は禁止されました
わたしたちは署名を呼びかけます
セツコ・サーロー
坂本 龍一
田中 熙巳
瀬戸内 寂聴
日本政府に核兵器禁止条約への署名・批准を求める署名
署名事務局

私は、日本政府に核兵器禁止条約の署名・批准を求めます。

まさに時宜にかなった行動提起だというべきでしょう。この署名はインターネット上でも拡げられており、日本政府に条約への加盟を迫る有効な運動として、「ヒバクシャ国際署名」と同様、特別の体制をとって推進していくことが必要です。

同時に、核兵器禁止条約にただちに加盟し、唯一の戦争被爆国の政府として核兵器の違法化から廃絶への新たなステージを先導していく日本政府を実現することにも力を尽くさねばなりません。条約が核兵器の「使用の威嚇」を禁止している以上、日本政府が条約に加盟するには、非核日本の宣言や非核三原則の法制化、米国との「核密約」の破棄など、然るべき措置を取ることで、「核の傘」からの離脱する必要があるでしょう。「核の傘」からの離脱は、必ずしも日米軍事同盟の解消をともなうものではありません。「核の傘」から離脱し、核兵器禁止条約に加盟する政府を実現することは、私たちが永年にわたって求めつづけてきた「非核の政府」を実現することにほかなりません。それは非常に大きな達成といえるでしょう。

●市民と野党の共闘を発展させ、野党連合政権を

二〇一五年九月一九日、「戦争法」が強行採決された夜、国会を取り巻くシールズ（SEALDs）の学生や市民たちの「野党は共闘」の叫びから始まった市民と野党の共闘は、紆余曲折を経つつも、野党連合政権の実現を視野に入れながら共同の歩みを進めてきました。

市民と野党の共闘を市民の側から推し進めてきた「安保法制の廃止と立憲主義の回復を求める市民連合」

は、二〇一九年五月に参院選に向けて五野党・会派と合意した一三項目の共通政策を発展させ、二〇二〇年九月一九日、一五項目からなる新たな政策要望書を発表するとともに、立憲野党との協議を開始しました。「立憲野党の政策に対する市民連合の要望書――いのちと人間の尊厳を守る『選択肢』の提示を――」と題されたこの要望書では、コロナ禍による世界の変化がしっかりと捉えられ、その一三項目めでは、「核兵器のない世界を実現するため、『核兵器禁止条約』を直ちに批准する」ことが明記されています。

13、平和国家として国際協調体制を積極的に推進し、実効性ある国際秩序の構築をめざす。

平和憲法の理念に照らし、「国民のいのちと暮らしを守る」、「人間の安全保障」の観点にもとづく平和国家を創造し、WHOをはじめとする国際機関との連携を重視し、医療・公衆衛生、地球環境、平和構築にかかる国際的なルールづくりに貢献していく。核兵器のない世界を実現するため、「核兵器禁止条約」を直ちに批准する。国際社会の現実に基づき、「敵基地攻撃能力」等の単なる軍備の増強に依存することのない、包括的で多角的な外交・安全保障政策を構築する。自衛隊の災害対策活動への国民的な期待の高まりをうけ、防衛予算、防衛装備のあり方に大胆な転換を図る。

「市民連合」が提示した共通政策に基づく野党連合政権構想が合意されれば、来るべき衆院総選挙は核兵器禁止条約を批准し、「核兵器のない世界」に向けて唯一の戦争被爆国にふさわしい役割を果たす野党連合政権＝非核の政府の実現をかけた歴史的な選挙となるはずです。

核兵器禁止条約の発効と市民と野党の共闘が切り拓きつつある希望を胸に、「核兵器のない平和で公正な世界」への道を、被爆者とともに意気高く歩んでいきましょう。

おわりに

核兵器禁止条約の発効によって、「核兵器のない世界」への扉は大きく開かれることとなりました。その経緯については、これまで本書で述べてきたとおりです。そして、過去二〇年を振り返っても、そして二〇一五年のNPT再検討会議以来の最近の動きを見ても、核兵器禁止条約へと結実した世界の動きの背景には、「広島・長崎をくり返すな！」「ふたたび被爆者をつくるな！」「核兵器をなくせ！」という被爆者の切なる願いと、その声に耳を傾け、この悲願の実現のために倦まず弛まず歩みつづけてきた日本の原水爆禁止運動と世界の反核平和運動のねばり強い営みがあったことを決して忘れてはなりません。

日本各地を広島・長崎へと歩きつづけてきた平和大行進、国民過半数を達成した「ヒロシマ・ナガサキからのアピール」国際署名、NPT再検討会議のたびにニューヨークの国連本部前につめかけた全国各地からの代表団。さまざまな紆余曲折はあったものの、決してあきらめることなく、「被爆者とともに」、ねばり強く、力強く進められてきた運動です。

残念なことに、山口仙二さんはじめ数多くの被爆者の方々が、「核兵器のない世界」を目にすることなく亡くなられました。その無念さ、その悔しさも含め、被爆者のみなさんの体験、願い、生きざまのすべてを引き継いでいくことを、一人ひとりが密かに心に誓いながら、歩みつづけてきたのです。

こうした運動がまるで、したたる水のしずくが岩を穿つように一歩一歩、世論を変え、政府の政策を変え、世界を変え、ついに核兵器禁止条約へと結実したのだと思います。

核兵器禁止条約の発効と核兵器廃絶への新たなステージの進展、そして「核兵器のない世界」の実現と維持のためには、まだまだ大きな努力が求められることでしょう。私たちの運動は、引きつづきねばり強く、力強く、歩みつづけなければなりません。

この道を歩みつづける私たちを励まし、支えてくれるのはやはり、自らの受けた悲惨と残虐を、そして自らの受けつづけている苦しみを、二度と再び世界のどこにも、誰の上にも繰り返させてはならない、そして、自らの経験をとおして人類の危機を救おうと決意した被爆者の切なる叫びでしょう。それは崇高な願いであり、人々の魂を揺さぶる神々しさすらそなえています。

被爆者のみなさんは想像を絶する非人道的で悲惨な体験をその身に受けたにもかかわらず、いや、それゆえにこそ、決して「報復」を求めることはありませんでした。原爆を投下したアメリカの上にさえ、二度と核兵器を使わせてはならない。そのためには、この世界からすべての核兵器をなくさなければならない。「報復」を求めず、「核兵器のない世界」を求める。こうした被爆者の立場こそ、核抑止力という「報復」「脅迫」「恐怖」の論理を最終的に打ち砕いていく道を私たちに指し示してくれているのではないでしょうか。

私たちは、被爆者の悲願をいまあらためて胸にきざみ、核兵器禁止条約をようやく手にしたこの世界で、「核兵器のない平和で公正な世界」のために、さらなる歩みをともに進めていかなければならないのです。

冨田宏治（とみだ・こうじ）

原水爆禁止世界大会起草委員長、関西学院大学法学部教授・政治学者（専攻は日本政治思想史）。著書に『人間の尊厳を築く反核運動』（2019年）、『丸山眞男：「古層論」の射程』（2015年）、『核兵器はなくせるか？』（共著、2009年）など。

新版　核兵器禁止条約の意義と課題

2021年7月1日　第1刷発行

発行者　竹村正治
発行所　株式会社　かもがわ出版
〒602-8119　京都市上京区堀川通出水西入
TEL 075-432-2868 FAX 075-432-2869
振替　01010-5-12436
ホームページ　http://www.kamogawa.co.jp
印刷所　シナノ書籍印刷株式会社

ISBN978-4-7803-1167-9　C0031

Treaty on the prohibition of nuclear weapons

The States Parties to this Treaty,

Determined to contribute to the realization of the purposes and principles of the Charter of the United Nations,

Deeply concerned about the catastrophic humanitarian consequences that would result from any use of nuclear weapons, and recognizing the consequent need to completely eliminate such weapons, which remains the only way to guarantee that nuclear weapons are never used again under any circumstances,

Mindful of the risks posed by the continued existence of nuclear weapons, including from any nuclear-weapon detonation by accident, miscalculation or design, and emphasizing that these risks concern the security of all humanity, and that all States share the responsibility to prevent any use of nuclear weapons,

Cognizant that the catastrophic consequences of nuclear weapons cannot be adequately addressed, transcend national borders, pose grave implications for human survival, the environment, socioeconomic development, the global economy, food security and the health of current and future generations, and have a disproportionate impact on women and girls, including as a result of ionizing radiation,

Acknowledging the ethical imperatives for nuclear disarmament and the urgency of achieving and maintaining a nuclear-weapon-free world, which is a global public good of the highest order, serving both national and collective security interests,

Mindful of the unacceptable suffering of and harm caused to the victims of the use of nuclear weapons (hibakusha), as well as of those affected by the testing of nuclear weapons,

Recognizing the disproportionate impact of nuclear-weapon activities on indigenous peoples,

Reaffirming the need for all States at all times to comply with applicable international law, including international humanitarian law and international human rights law,

核兵器の禁止に関する条約

この条約の締約国は、

国際連合憲章の目的と原則の実現に寄与することを決意し、

いかなる核兵器の使用からも帰結するであろう破滅的な人道的結末を深く懸念し、いかなる状況下においても核兵器が決して二度と使用されないことを保証するために残された唯一の方法として、こうした兵器の完全廃絶が必要であるとの結論を認識し、

偶発的なものであれ、誤算によるものであれ、もしくは故意によるものであれ、いかなる核兵器の爆発によるものも含め、核兵器が存在し続けることによって引き起こされる危険に留意し、これらの危険が全人類の安全保障に関わり、すべての国がいかなる核兵器使用をも防止する責任を共有することを強調し、

核兵器の破滅的帰結は、適切に対処し得ないものであり、国境を越えること、人類の生存、環境、社会経済的発展、世界経済、食糧安全保障、現在及び将来の世代の健康に深刻な影響を引き起こし、電離放射線の帰結を含め、女性及び女子に対し過剰な影響をもたらすことを認識し、

核軍縮・廃絶への倫理的命題と、国家安全保障と集団安全保障の双方の利益に資する最上位の全地球的な公共善である核兵器のない世界の達成及び維持の緊急性を認識し、

核兵器使用の被害者（ヒバクシャ）と核実験の影響を被った被災者の受け入れがたい苦難と被害に留意し、

核兵器活動の先住民に対する過剰な影響に留意し、

すべての国がいかなる時においても、国際人道法及び国際人権法を含む適用可能な国際法を遵守する必要があることを再確認し、

Basing themselves on the principles and rules of international humanitarian law, in particular the principle that the right of parties to an armed conflict to choose methods or means of warfare is not unlimited, the rule of distinction, the prohibition against indiscriminate attacks, the rules on proportionality and precautions in attack, the prohibition on the use of weapons of a nature to cause superfluous injury or unnecessary suffering, and the rules for the protection of the natural environment,

Considering that any use of nuclear weapons would be contrary to the rules of international law applicable in armed conflict, in particular the principles and rules of international humanitarian law,

Reaffirming that any use of nuclear weapons would also be abhorrent to the principles of humanity and the dictates of public conscience,

Recalling that, in accordance with the Charter of the United Nations, States must refrain in their international relations from the threat or use of force against the territorial integrity or political independence of any State, or in any other manner inconsistent with the Purposes of the United Nations, and that the establishment and maintenance of international peace and security are to be promoted with the least diversion for armaments of the world's human and economic resources,

Recalling also the first resolution of the General Assembly of the United Nations, adopted on 24 January 1946, and subsequent resolutions which call for the elimination of nuclear weapons,

Concerned by the slow pace of nuclear disarmament, the continued reliance on nuclear weapons in military and security concepts, doctrines and policies, and the waste of economic and human resources on programmes for the production, maintenance and modernization of nuclear weapons,

Recognizing that a legally binding prohibition of nuclear weapons constitutes an important contribution towards the achievement and maintenance of a world free of nuclear weapons, including the irreversible, verifiable and transparent elimination of nuclear weapons, and determined to act towards that end,

Determined to act with a view to achieving effective progress towards general and complete disarmament under strict and effective international control,

核兵器の禁止に関する条約

国際人道法の原則と規則、とりわけ、武力紛争の紛争当事者が戦闘の方法又は手段を選ぶ権利は無制限ではないという原則、区別と無差別攻撃の禁止についての規則、攻撃の均衡性と急迫性についての規則、過度な傷害又は無用の苦痛を引き起こす性質を持つ兵器の使用を禁止する規則及び自然環境保護のための規則に立脚し、

核兵器のいかなる使用も、武力紛争に適用される国際法の規則、とりわけ人道法の原則と規則に反するであろうことを考慮し、

核兵器のいかなる使用も人道の原則及び公的良心の命ずるところに相反するものであろうことをも再確認し、

国際連合憲章に従って、いかなる国の領土保全又は政治的独立に反するものであれ、もしくは国際連合の目的と一致しない他のいかなる方法によるものであれ、国はその国際関係において武力による威嚇又は武力の行使を慎まなければならないこと、国際の平和及び安全の確立及び維持は世界の人的及び経済的資源の軍備への転用を最小限にすることで促進されるべきであることを想起し、

1946 年 1 月 24 日に採択された国際連合総会第 1 号決議と核兵器廃絶を求めるその後の決議をも想起し、

核軍縮・廃絶の進展の緩慢さ、軍事上及び安全保障上の概念、教義及び政策における核兵器への継続的な依存、核兵器の生産、維持及び近代化のための計画への経済的及び人的資源の浪費を憂慮し、

核兵器の法的拘束力のある禁止は、核兵器の不可逆的で、検証可能で、かつ透明性のある廃絶を含む、核兵器のない世界の達成及び維持に向けた重要な貢献となることを認識し、この目的に向けて行動することを決意し、

厳格かつ効果的な国際的管理の下での全般的かつ完全な軍縮への効果的な前進の達成をめざして行動することを決意し、

Reaffirming that there exists an obligation to pursue in good faith and bring to a conclusion negotiations leading to nuclear disarmament in all its aspects under strict and effective international control,

Reaffirming also that the full and effective implementation of the Treaty on the Non-Proliferation of Nuclear Weapons, which serves as the cornerstone of the nuclear disarmament and non-proliferation regime, has a vital role to play in promoting international peace and security,

Recognizing the vital importance of the Comprehensive Nuclear-Test-Ban Treaty and its verification regime as a core element of the nuclear disarmament and non-proliferation regime,

Reaffirming the conviction that the establishment of the internationally recognized nuclear-weapon-free zones on the basis of arrangements freely arrived at among the States of the region concerned enhances global and regional peace and security, strengthens the nuclear non-proliferation regime and contributes towards realizing the objective of nuclear disarmament,

Emphasizing that nothing in this Treaty shall be interpreted as affecting the inalienable right of its States Parties to develop research, production and use of nuclear energy for peaceful purposes without discrimination,

Recognizing that the equal, full and effective participation of both women and men is an essential factor for the promotion and attainment of sustainable peace and security, and committed to supporting and strengthening the effective participation of women in nuclear disarmament,

Recognizing also the importance of peace and disarmament education in all its aspects and of raising awareness of the risks and consequences of nuclear weapons for current and future generations, and committed to the dissemination of the principles and norms of this Treaty,

Stressing the role of public conscience in the furthering of the principles of humanity as evidenced by the call for the total elimination of nuclear weapons, and recognizing the efforts to that end undertaken by the United Nations, the International Red Cross and Red Crescent Movement, other international and regional organizations, non-governmental organizations, religious leaders, parliamentarians, academics and the hibakusha,

Have agreed as follows:

厳格かつ効果的な国際管理の下での全面的な核軍縮・廃絶へとつながる交渉を誠実に実行しかつ完結させる義務が存在することを再確認し、

核軍縮・廃絶及び核不拡散体制の礎石として機能している核不拡散条約の十分かつ効果的な実施は、国際の平和及び安全の促進においてきわめて重要な役割を有していることを再確認し、

包括的核実験禁止条約とその検証体制の、核軍縮・廃絶及び核不拡散体制の中核的要素としての、決定的重要性を認識し、

当該地域の諸国間で自由に締結された取極を基礎として、国際的に承認された非核兵器地帯を確立することは、全世界と地域の平和及び安全を強化し、核不拡散体制を強めて、核軍縮・廃絶という目標の達成に寄与するという確信を再確認し、

この条約のいかなる規定も、平和的目的のための原子力の研究、生産及び利用を差別なく発展させる締約国の奪い得ない権利に影響を及ぼさないと解されるべきであることを強調し、

女性及び男性の双方による平等で十分かつ効果的な参加が、持続可能な平和及び安全の促進及び達成にとって不可欠な要素であることを認識し、核軍縮・廃絶への女性の効果的参加を支援しかつ強化することを約束し、

あらゆる面における平和軍縮教育、及び核兵器が現在及び将来の世代にもたらす危険及び帰結についての意識の高揚の重要性をも認識し、この条約の原則及び規範の普及を約束し、

核兵器の完全廃絶の要求によって証明された人道性の原則を促進することにおける公的良心の役割を強調し、国際連合、国際赤十字及び赤新月運動、その他の国際及び地域組織、非政府組織、宗教指導者、議員、学術研究者及びヒバクシャがこの目的のために果たしている努力を認め、

以下のように合意した：

Article 1 Prohibitions

Each State Party undertakes never under any circumstances to:

(a) Develop, test, produce, manufacture, otherwise acquire, possess or stockpile nuclear weapons or other nuclear explosive devices;

(b) Transfer to any recipient whatsoever nuclear weapons or other nuclear explosive devices or control over such weapons or explosive devices directly or indirectly;

(c) Receive the transfer of or control over nuclear weapons or other nuclear explosive devices directly or indirectly;

(d) Use or threaten to use nuclear weapons or other nuclear explosive devices;

(e) Assist, encourage or induce, in any way, anyone to engage in any activity prohibited to a State Party under this Treaty;

(f) Seek or receive any assistance, in any way, from anyone to engage in any activity prohibited to a State Party under this Treaty;

(g) Allow any stationing, installation or deployment of any nuclear weapons or other nuclear explosive devices in its territory or at any place under its jurisdiction or control.

Article 2 Declarations

1. Each State Party shall submit to the Secretary-General of the United Nations, not later than 30 days after this Treaty enters into force for that State Party, a declaration in which it shall:

(a) Declare whether it owned, possessed or controlled nuclear weapons or nuclear explosive devices and eliminated its nuclear-weapon programme, including the elimination or irreversible conversion of all nuclear-weapons-related facilities, prior to the entry into force of this Treaty for that State Party;

(b) Notwithstanding Article 1 (a), declare whether it owns, possesses or controls any nuclear weapons or other nuclear explosive devices;

(c) Notwithstanding Article 1 (g), declare whether there are any nuclear weapons or other nuclear explosive devices in its territory or in any place under its jurisdiction or control that are owned, possessed or controlled by another State.

2. The Secretary-General of the United Nations shall transmit all such declarations received to the States Parties.

第1条　禁止

締約国は、いかなる状況の下においても、次のことを行わないと約束する。

(a) 核兵器又はその他の核爆発装置を開発し、実験し、生産し、製造し、その他の方法で取得し、保有し又は貯蔵すること。

(b) 核兵器又はその他の核爆発装置、もしくは核兵器又はその他の核爆発装置の直接的又は間接的な管理を、いかなる受領者に対してであろうと、これを移転すること。

(c) 核兵器又はその他の核爆発装置の移転、もしくはこれへの直接的又は間接的な管理を受領すること。

(d) 核兵器又はその他の核爆発装置を使用し、又は使用の威嚇を行うこと。

(e) この条約で締約国に対して禁止されている活動に従事するいかなる者に対しても、いかなる方法によるものであれ、これを支援し、奨励し、勧誘すること。

(f) この条約で締約国に対して禁止されている活動に従事するいかなる者からであっても、いかなる方法によるものであれ、支援を求め又は受領すること。

(g) 自国の領域もしくはその管轄下又は管理下にあるいかなる場所においてであれ、核兵器又はその他の核爆発装置の配備、設置又は展開を許可すること。

第2条　申告

1. 締約国は、この条約が当該締約国に対して効力を生じてから遅くとも30日以内に国際連合事務総長に申告書を提出する。この申告書においては：

(a) この条約が当該締約国に対して効力を生じる前に、核兵器又は核爆発装置を所有、保有又は管理していたか否か、及びすべての核兵器関連施設の廃棄又は不可逆的な転換を含め、自国の核兵器計画を廃棄したか否かを申告する。

(b) 第1条 (a) にもかかわらず、自国が核兵器又はその他の核爆発装置を所有、保有、又は管理しているか否かを申告する。

(c) 第1条 (g) にもかかわらず、自国の領域もしくはその管轄下又は管理下にあるいかなる場所においてであれ、他国によって所有、保有又は管理されている核兵器又はその他の核爆発装置が存在するか否かを申告する。

2. 国際連合事務総長は、受領したすべての申告書を締約国に送付する。

Article 3 Safeguards

1. Each State Party to which Article 4, paragraph 1 or 2, does not apply shall, at a minimum, maintain its International Atomic Energy Agency safeguards obligations in force at the time of entry into force of this Treaty, without prejudice to any additional relevant instruments that it may adopt in the future.
2. Each State Party to which Article 4, paragraph 1 or 2, does not apply that has not yet done so shall conclude with the International Atomic Energy Agency and bring into force a comprehensive safeguards agreement (INFCIRC/153 (Corrected)). Negotiation of such agreement shall commence within 180 days from the entry into force of this Treaty for that State Party. The agreement shall enter into force no later than 18 months from the entry into force of this Treaty for that State Party. Each State Party shall thereafter maintain such obligations, without prejudice to any additional relevant instruments that it may adopt in the future.

Article 4 Towards the total elimination of nuclear weapons

1. Each State Party that after 7 July 2017 owned, possessed or controlled nuclear weapons or other nuclear explosive devices and eliminated its nuclear-weapon programme, including the elimination or irreversible conversion of all nuclear- weapons-related facilities, prior to the entry into force of this Treaty for it, shall cooperate with the competent international authority designated pursuant to paragraph 6 of this Article for the purpose of verifying the irreversible elimination of its nuclear-weapon programme. The competent international authority shall report to the States Parties. Such a State Party shall conclude a safeguards agreement with the International Atomic Energy Agency sufficient to provide credible assurance of the non-diversion of declared nuclear material from peaceful nuclear activities and of the absence of undeclared nuclear material or activities in that State Party as a whole. Negotiation of such agreement shall commence within 180 days from the entry into force of this Treaty for that State Party. The agreement shall enter into force no later than 18 months from the entry into force of this Treaty for that State Party. That State Party shall thereafter, at a minimum, maintain these safeguards obligations, without prejudice to any additional relevant instruments that it may adopt in the future.

第3条　保障措置

1.　第4条1項又は2項が適用されない締約国は、少なくとも、将来において自国が採用しうるいかなる追加的関連文書をも毀損することなく、この条約が自国に対して効力を生じた時点における国際原子力機関の保障措置の義務を維持する。

2.　第4条1項又は2項が適用されず、いまだ以下のことをなしていない締約国は、国際原子力機関と包括的保障措置協定（INFCIRC/153（Corrected））を締結し、その効力を生じさせる。当該協定の交渉は、この条約が当該締約国に対して効力を生じてから180日以内に開始される。当該協定は当該締約国に対してこの条約が効力を生じてから遅くとも18か月後には効力を生じる。締約国は、以後、将来において自国が採用しうるいかなる追加的関連文書をも毀損することなく、この義務を維持する。

第4条　核兵器の全面廃絶に向けて

1.　2017年7月7日以降に核兵器またはその他の核爆発装置を所有、保有又は管理し、かつこの条約が自国に対して効力を生じる以前に、すべての核兵器関連施設の廃棄又は不可逆的な転換を含め、自国の核兵器計画を廃棄した締約国は、不可逆的な核兵器計画の廃棄の検証のため、本条6項に従って指名された権限のある国際機関と協力する。権限のある国際機関は締約国に報告する。当該締約国は、国際原子力機関との間に、申告された核物質が平和的核活動から転用されないこと、及び当該締約国に全体として申告されていない核物質又は核活動が存在しないことへの信頼可能な保証を提供するに足りる保障措置協定を締結する。当該協定の交渉は、この条約が当該締約国に対して効力を生じてから180日以内に開始される。当該協定は、この条約が当該締約国に対して効力を生じてから遅くとも18か月以内に効力を生じる。当該締約国は、以後、将来において自国が採用しうるいかなる追加的関連文書をも毀損することなく、この義務を維持する。

2. Notwithstanding Article 1 (a), each State Party that owns, possesses or controls nuclear weapons or other nuclear explosive devices shall immediately remove them from operational status, and destroy them as soon as possible but not later than a deadline to be determined by the first meeting of States Parties, in accordance with a legally binding, time-bound plan for the verified and irreversible elimination of that State Party's nuclear-weapon programme, including the elimination or irreversible conversion of all nuclear-weapons-related facilities. The State Party, no later than 60 days after the entry into force of this Treaty for that State Party, shall submit this plan to the States Parties or to a competent international authority designated by the States Parties. The plan shall then be negotiated with the competent international authority, which shall submit it to the subsequent meeting of States Parties or review conference, whichever comes first, for approval in accordance with its rules of procedure.
3. A State Party to which paragraph 2 above applies shall conclude a safeguards agreement with the International Atomic Energy Agency sufficient to provide credible assurance of the non-diversion of declared nuclear material from peaceful nuclear activities and of the absence of undeclared nuclear material or activities in the State as a whole. Negotiation of such agreement shall commence no later than the date upon which implementation of the plan referred to in paragraph 2 is completed. The agreement shall enter into force no later than 18 months after the date of initiation of negotiations. That State Party shall thereafter, at a minimum, maintain these safeguards obligations, without prejudice to any additional relevant instruments that it may adopt in the future. Following the entry into force of the agreement referred to in this paragraph, the State Party shall submit to the Secretary-General of the United Nations a final declaration that it has fulfilled its obligations under this Article.
4. Notwithstanding Article 1 (b) and (g), each State Party that has any nuclear weapons or other nuclear explosive devices in its territory or in any place under its jurisdiction or control that are owned, possessed or controlled by another State shall ensure the prompt removal of such weapons, as soon as possible but not later than a deadline to be determined by the first meeting of States Parties. Upon the removal of such weapons or other explosive devices, that State Party shall submit to the Secretary-General of the United Nations a declaration that it has fulfilled its obligations under this Article.

2. 第1条(a)にもかかわらず、核兵器又は他の核爆発装置を所有、保有又は管理するいかなる締約国も、自国の核兵器体系を直ちに運用ステータスから除去し、すべての核兵器関連施設の廃棄又は不可逆的な転換を含む、当該締約国の核兵器計画の検証された不可逆的な廃棄のための法的に拘束され、期限を切った計画に従って、第1回締約国会合によって決定される期限を超えることなく、可及的速やかにそれらを破棄する。当該締約国は、この条約が自国に対して効力を生じてから60日以内に、締約国又は締約国によって指名された権限のある国際機関に対して当該計画を提案する。当該計画は、権限のある国際機関との間で交渉に付され、当該国際機関は、次に開催される締約国会合又は再検討会議のうち先に開催されるものに当該計画を提案し、手続規則に従って承認を得る。

3. 上記2項が適用される締約国は、国際原子力機関との間に、申告された核物質が平和的核活動から転用されないこと、及び当該締約国に全体として申告されていない核物質又は核活動が存在しないことへの信頼可能な保証を提供するに足りる保障措置協定を締結する。当該協定の交渉は、遅くとも2項において言及された計画の履行が完了する日までには開始される。当該協定は、この条約が当該締約国に対して効力を生じてから遅くとも18か月以内に効力を生じる。当該締約国は、以後、将来において自国が採用しうるいかなる追加的関連文書をも毀損することなく、この義務を維持する。この項において言及された協定の効力が生じた後、当該締約国は、自国が本条に基づく義務を果たした旨の最終申告書を、国際連合事務総長に対して提出する。

4. 第1条(b)及び(g)にもかかわらず、自国の領域もしくはその管轄下又は管理下にあるいかなる場所においてであれ、他国によって所有、保有又は管理される核兵器又はその他の核爆発装置が存在する締約国は、第1回締約国会合によって決定される期限を超えることなく、可及的速やかに、当該兵器を直ちに撤去することを確約する。こうした核兵器又はその他の核爆発装置の撤去にあたって、当該締約国は、自国が本条に基づく義務を果たした旨の最終申告書を、国際連合事務総長に対して提出する。

5. Each State Party to which this Article applies shall submit a report to each meeting of States Parties and each review conference on the progress made towards the implementation of its obligations under this Article, until such time as they are fulfilled.
6. The States Parties shall designate a competent international authority or authorities to negotiate and verify the irreversible elimination of nuclear-weapons programmes, including the elimination or irreversible conversion of all nuclear- weapons-related facilities in accordance with paragraphs 1, 2 and 3 of this Article. In the event that such a designation has not been made prior to the entry into force of this Treaty for a State Party to which paragraph 1 or 2 of this Article applies, the Secretary-General of the United Nations shall convene an extraordinary meeting of States Parties to take any decisions that may be required.

Article 5 National implementation

1. Each State Party shall adopt the necessary measures to implement its obligations under this Treaty.
2. Each State Party shall take all appropriate legal, administrative and other measures, including the imposition of penal sanctions, to prevent and suppress any activity prohibited to a State Party under this Treaty undertaken by persons or on territory under its jurisdiction or control.

Article 6 Victim assistance and environmental remediation

1. Each State Party shall, with respect to individuals under its jurisdiction who are affected by the use or testing of nuclear weapons, in accordance with applicable international humanitarian and human rights law, adequately provide age- and gender-sensitive assistance, without discrimination, including medical care, rehabilitation and psychological support, as well as provide for their social and economic inclusion.
2. Each State Party, with respect to areas under its jurisdiction or control contaminated as a result of activities related to the testing or use of nuclear weapons or other nuclear explosive devices, shall take necessary and appropriate measures towards the environmental remediation of areas so contaminated.
3. The obligations under paragraphs 1 and 2 above shall be without prejudice to the duties and obligations of any other States under international law or bilateral agreements.

5. 本条が適用される締約国は、本条に基づく自国の義務の履行に向けてなされた進展について、それらが果たされるときまで、毎回の締約国会合及び再検討会議に対して報告書を提出する。

6. 締約国は、本条１項、２項及び３項に従って、すべての核兵器関連施設の廃棄又は不可逆的な転換を含む、核兵器計画の不可逆的な廃棄について交渉し、検証するための権限のある国際機関を指名する。本条１項又は２項が適用される締約国に対してこの条約が効力を生じる時までに、こうした指名が行われなかった場合には、国際連合事務総長は、要請され得るいかなる決定をも行うことのできる特別締約国会合を招集する。

第５条　国内の履行措置

1. 締約国は、この条約に基づく義務を履行するために必要な措置をとる。

2. 締約国は、個人によるものであれ、自国の管轄下又は管理下の領域におけるものであれ、この条約が締約国に対して禁止しているいかなる活動も企てられることがないよう防止し、抑制するために、あらゆる適切な法的、行政的及びその他の措置をとる。

第６条　被害者に対する支援及び環境の修復

1. 締約国は、自国の管轄下において核兵器の使用又は実験によって影響を受けた個人に関して、適用可能な国際人道法及び国際人権法に従って、差別することなく、医療、機能回復訓練及び心理的支援を含む年齢及び性別に配慮した支援を十分に提供し、その社会的かつ経済的な包摂を提供する。

2. 締約国は、核兵器又はその他の核爆発装置の実験又は使用に関わる活動の結果として汚染された自国の管轄下又は管理下にある場所に関して、汚染区域の環境改善にむけて必要かつ適切な措置をとる。

3. 上記１項又は２項に基づく義務は、国際法又は二国間協定に基づくいかなる他国のものであれ、その義務を毀損しない。

Article 7 International cooperation and assistance

1. Each State Party shall cooperate with other States Parties to facilitate the implementation of this Treaty.
2. In fulfilling its obligations under this Treaty, each State Party shall have the right to seek and receive assistance, where feasible, from other States Parties.
3. Each State Party in a position to do so shall provide technical, material and financial assistance to States Parties affected by nuclear-weapons use or testing, to further the implementation of this Treaty.
4. Each State Party in a position to do so shall provide assistance for the victims of the use or testing of nuclear weapons or other nuclear explosive devices.
5. Assistance under this Article may be provided, inter alia, through the United Nations system, international, regional or national organizations or institutions, non-governmental organizations or institutions, the International Committee of the Red Cross, the International Federation of Red Cross and Red Crescent Societies, or national Red Cross and Red Crescent Societies, or on a bilateral basis.
6. Without prejudice to any other duty or obligation that it may have under international law, a State Party that has used or tested nuclear weapons or any other nuclear explosive devices shall have a responsibility to provide adequate assistance to affected States Parties, for the purpose of victim assistance and environmental remediation.

Article 8 Meeting of States Parties

1. The States Parties shall meet regularly in order to consider and, where necessary, take decisions in respect of any matter with regard to the application or implementation of this Treaty, in accordance with its relevant provisions, and on further measures for nuclear disarmament, including:

(a) The implementation and status of this Treaty;

(b) Measures for the verified, time-bound and irreversible elimination of nuclear-weapon programmes, including additional protocols to this Treaty;

(c) Any other matters pursuant to and consistent with the provisions of this Treaty.

第7条　国際的な協力と支援

1.　締約国は、この条約の履行を促進するために、他の締約国と協力する。

2.　この条約に基づく義務を履行するにあたり、締約国は他の締約国からの支援を可能な限り要請し、受領する権利を有する。

3.　締約国は、この条約の履行を促進するため、核兵器の使用又は実験によって被害を受けた締約国に対して、技術的、物的及び財政的支援を可能な限りで提供する。

4.　締約国は、核兵器又はその他の核爆発装置の使用又は実験の被害者のための支援を可能な限り提供する。

5.　本条に基づく支援は、特に国際連合の支援体制、国際的、地域的もしくは各国の組織又は機関、非政府組織又は機関、赤十字国際委員会、国際赤十字・赤新月社連盟又は各国赤十字社及び赤新月社を通じて、もしくは二国間関係に基づいて提供される。

6．国際法に基づいて有することのできる他のいかなる義務をも毀損することなく、核兵器又はその他のいかなる核爆発装置であれ、これを使用し、もしくは実験を行なった締約国は、犠牲者の支援と環境の修復のため、被害を受けた締約国に対して適切な支援を提供する責任を有する。

第8条　締約国会合

1.　締約国は、その関連条項に従って、この条約の適用又は履行に関するいかなる事項についても、及び核軍縮・廃絶のためのさらなる措置についても、これを検討し、必要な場合には決定するための会合を定期的に開催する。これには以下のものが含まれる。

(a)　この条約の履行と現状

(b)　この条約の追加議定書を含む、核兵器の検証され、期限を切りかつ不可逆的な廃棄計画のための措置

(c)　いかなるものであれ、この条約の条項に従い、合致するその他の事項

2. The first meeting of States Parties shall be convened by the Secretary-General of the United Nations within one year of the entry into force of this Treaty. Further meetings of States Parties shall be convened by the Secretary-General of the United Nations on a biennial basis, unless otherwise agreed by the States Parties. The meeting of States Parties shall adopt its rules of procedure at its first session. Pending their adoption, the rules of procedure of the United Nations conference to negotiate a legally binding instrument to prohibit nuclear weapons, leading towards their total elimination, shall apply.
3. Extraordinary meetings of States Parties shall be convened, as may be deemed necessary, by the Secretary-General of the United Nations, at the written request of any State Party provided that this request is supported by at least one third of the States Parties.
4. After a period of five years following the entry into force of this Treaty, the Secretary-General of the United Nations shall convene a conference to review the operation of the Treaty and the progress in achieving the purposes of the Treaty. The Secretary-General of the United Nations shall convene further review conferences at intervals of six years with the same objective, unless otherwise agreed by the States Parties.
5. States not party to this Treaty, as well as the relevant entities of the United Nations system, other relevant international organizations or institutions, regional organizations, the International Committee of the Red Cross, the International Federation of Red Cross and Red Crescent Societies and relevant non-governmental organizations, shall be invited to attend the meetings of States Parties and the review conferences as observers.

Article 9 Costs

1. The costs of the meetings of States Parties, the review conferences and the extraordinary meetings of States Parties shall be borne by the States Parties and States not party to this Treaty participating therein as observers, in accordance with the United Nations scale of assessment adjusted appropriately.
2. The costs incurred by the Secretary-General of the United Nations in the circulation of declarations under Article 2, reports under Article 4 and proposed amendments under Article 10 of this Treaty shall be borne by the States Parties in accordance with the United Nations scale of assessment adjusted appropriately.

2. 第1回の締約国会合は、この条約の効力が生じてから1年以内に、国際連合事務総長が召集する。それ以降の締約国会合は、締約国により別段の合意がなされない限り、国際連合事務総長によって隔年毎に召集される。締約国会合は、その第1会期において、その手続規則を採択する。この採決が未決の間は、核兵器の全面廃絶につながる、核兵器を禁止する法的拘束力のある協定について交渉する国連会議の手続規則が適用される。

3. 締約国の特別会合は、いかなる締約国からのものであれ、全締約国の少なくとも3分の1による支持という条件を備えた文書による要請に基づき、必要に応じて国際連合事務総長により召集される。

4. この条約の効力が生じてから5年を経た後、国際連合事務総長は、この条約の運用及び目的達成の進展について再検討するための会議を招集する。国際連合事務総長は、締約国により別段の合意がなされない限り、同様の目的をもったさらなる再検討会議を6年の間隔で招集する。

5. この条約の非締約国、国際連合の関連機関、その他の関係する国際組織又は機関、地域組織、国際赤十字・赤新月社連盟及び関係する非政府組織は、締約国会合及び再検討会議にオブザーバーとして参加するよう招待される。

第9条　費用

1. 締約国会合、再検討会議及び改正会議の費用は、適切に調整された国際連合の評価基準に従って、これらの会議に参加するこの条約の締約国及びオブザーバーとして参加した非締約国によって負担される。

2. この条約の第2条に基づく申告書、第4条に基づく報告書及び第10条に基づく改正提案の周知によって国際連合事務総長が負った費用は、適切に調整された国際連合の評価基準に従って、この条約の締約国によって負担される。

3. The cost related to the implementation of verification measures required under Article 4 as well as the costs related to the destruction of nuclear weapons or other nuclear explosive devices, and the elimination of nuclear-weapon programmes, including the elimination or conversion of all nuclear-weapons-related facilities, should be borne by the States Parties to which they apply.

Article 10 Amendments

1. At any time after the entry into force of this Treaty, any State Party may propose amendments to the Treaty. The text of a proposed amendment shall be communicated to the Secretary-General of the United Nations, who shall circulate it to all States Parties and shall seek their views on whether to consider the proposal. If a majority of the States Parties notify the Secretary-General of the United Nations no later than 90 days after its circulation that they support further consideration of the proposal, the proposal shall be considered at the next meeting of States Parties or review conference, whichever comes first.
2. A meeting of States Parties or a review conference may agree upon amendments which shall be adopted by a positive vote of a majority of two thirds of the States Parties. The Depositary shall communicate any adopted amendment to all States Parties.
3. The amendment shall enter into force for each State Party that deposits its instrument of ratification or acceptance of the amendment 90 days following the deposit of such instruments of ratification or acceptance by a majority of the States Parties at the time of adoption. Thereafter, it shall enter into force for any other State Party 90 days following the deposit of its instrument of ratification or acceptance of the amendment.

Article 11 Settlement of disputes

1. When a dispute arises between two or more States Parties relating to the interpretation or application of this Treaty, the parties concerned shall consult together with a view to the settlement of the dispute by negotiation or by other peaceful means of the parties' choice in accordance with Article 33 of the Charter of the United Nations.

3. 第4条に基づいて求められる検証措置の履行に関わる費用、核兵器又はその他の核爆発装置の破棄、及びすべての核兵器関連施設の廃棄と転換を含む核兵器廃棄計画に関わる費用は、これらが適用される締約国によって負担される。

第10条　改正

1. この条約が効力を生じた後はいつでも、いかなる締約国もこの条約の改正を提案できる。提案された改正の案文は国際連合事務総長に伝達される。国際連合事務総長は全締約国に当該案文を周知し、当該提案を検討すべきか否かについての見解を締約国に求める。当該提案の周知から90日以内に、過半数の締約国が当該提案を更なる検討を支持する旨を国際連合事務総長に通知した場合には、当該提案は、次期の締約国会合又は再検討会議のうち、先に開催されるものにおいて検討される。

2. 締約国会合又は再検討会議は、締約国の3分の2の多数の賛成により採択された改正について合意することができる。寄託者は、採択された改正をすべての締約国に伝達する。

3. 改正は、過半数の締約国によって批准又は受諾の文書が寄託され、採択されてから90日後に、当該改正についての批准又は受諾の文書を寄託した締約国に対して効力を生じる。その後、当該改正は、他のいずれの締約国に対しても、これについての批准又は受諾の文書が寄託されてから90日後に効力を生じる。

第11条　紛争の解決

1. この条約の解釈又は適用に関して、2か国又はそれ以上の締約国間に紛争が生じた場合、関係当事国は国際連合憲章第33条に従って、交渉又は当事国が選択したその他の平和的手段によって紛争を解決するため相互に協議する。

2. The meeting of States Parties may contribute to the settlement of the dispute, including by offering its good offices, calling upon the States Parties concerned to start the settlement procedure of their choice and recommending a time limit for any agreed procedure, in accordance with the relevant provisions of this Treaty and the Charter of the United Nations.

Article 12 Universality

Each State Party shall encourage States not party to this Treaty to sign, ratify, accept, approve or accede to the Treaty, with the goal of universal adherence of all States to the Treaty

Article 13 Signature

This Treaty shall be open for signature to all States at United Nations Headquarters in New York as from 20 September 2017.

Article 14 Ratification, acceptance, approval or accession

This Treaty shall be subject to ratification, acceptance or approval by signatory States. The Treaty shall be open for accession.

Article 15 Entry into force

1. This Treaty shall enter into force 90 days after the fiftieth instrument of ratification, acceptance, approval or accession has been deposited.
2. For any State that deposits its instrument of ratification, acceptance, approval or accession after the date of the deposit of the fiftieth instrument of ratification, acceptance, approval or accession, this Treaty shall enter into force 90 days after the date on which that State has deposited its instrument of ratification, acceptance, approval or accession.

Article 16 Reservations

The Articles of this Treaty shall not be subject to reservations.

2. 締約国会合は、斡旋を提供すること、関係当事国にその選択した解決手続きを開始するよう要請すること及び合意されたいかなる手続きについても期限の設定を勧告することを含め、この条約と国際連合憲章の関連規定に従って紛争の解決に貢献する。

第 12 条　普遍性

締約国は、この条約へのすべての国からの普遍的な支持を目標とし、この条約の非締約国に対して、この条約への署名、批准、受諾、承認又は加入を奨励する。

第 13 条　署名

この条約は署名のため、2017 年 9 月 20 日より、ニューヨークの国連本部において、すべての国に対して開放される。

第 14 条　批准、受諾、承認又は加入

この条約は署名国により批准、受諾、承認又は加入されなければならない。この条約は加入のために開放される。

第 15 条　発効

1. この条約は、50 番目の批准、受諾、承認又は加入の文書が寄託されてから 90 日後に効力を生じる。

2. 50 番目の批准、受諾、承認又は加入の文書が寄託された日以後に、条約を批准、受諾、承認又は加入したいかなる国に対しても、この条約は当該国が批准、受諾、承認又は加入の文書が委託された日から 90 日で効力を生じる。

第 16 条　留保

この条約の条文には留保を付すことができない。

Article 17 Duration and withdrawal

1. This Treaty shall be of unlimited duration.
2. Each State Party shall, in exercising its national sovereignty, have the right to withdraw from this Treaty if it decides that extraordinary events related to the subject matter of the Treaty have jeopardized the supreme interests of its country. It shall give notice of such withdrawal to the Depositary. Such notice shall include a statement of the extraordinary events that it regards as having jeopardized its supreme interests.
3. Such withdrawal shall only take effect 12 months after the date of the receipt of the notification of withdrawal by the Depositary. If, however, on the expiry of that 12-month period, the withdrawing State Party is a party to an armed conflict, the State Party shall continue to be bound by the obligations of this Treaty and of any additional protocols until it is no longer party to an armed conflict.

Article 18 Relationship with other agreements

The implementation of this Treaty shall not prejudice obligations undertaken by States Parties with regard to existing international agreements, to which they are party, where those obligations are consistent with the Treaty.

Article 19 Depositary

The Secretary-General of the United Nations is hereby designated as the Depositary of this Treaty.

Article 20 Authentic texts

The Arabic, Chinese, English, French, Russian and Spanish texts of this Treaty shall be equally authentic.

DONE at New York, this seventh day of July, two thousand and seventeen.

第17条　有効期間と脱退

1　この条約の有効期間は無期限とする。

2　締約国は、この条約の対象である事項に関する異常な事態が自国の至高の利益を危うくしていると認めた場合には、その主権を行使して条約から脱退する権利を有する。こうした脱退は寄託者に対して通告される。この通告には、その至高の利益を危うくしていると認める異常な事態についての記載が含まれる。

3　こうした脱退は、寄託者が脱退の通告を受領した日から12か月が経過したとき、はじめて効力を生じる。しかしながら、12か月の期間の満了時において、脱退する締約国が武力紛争の当事国である場合には、当該締約国は、紛争当事国でなくなるまで、この条約及びあらゆる追加議定書に規定された義務に引き続き拘束される。

第18条　他の協定との関係

この条約の履行は、既存の国際協定との関係で当該締約国が負う義務がこの条約と合致する限り、これを毀損するものではない。

第19条　寄託者

この条約の寄託者は国際連合事務総長とする。

第20条　正文

この条約はアラビア語、中国語、英語、フランス語、ロシア語及びスペイン語の文書をひとしく正文とする。

2017年7月7日、ニューヨークにて採択

（訳：冨田宏治）